做生意的艺术

The Art Of Business

[美] 约翰·D.洛克菲勒◎著
徐建萍◎译

江西美术出版社
JIANGXI FINE ARTS PUBLISHING HOUSE

图书在版编目（CIP）数据

做生意的艺术 /（美）约翰·D. 洛克菲勒著；徐建萍译 .-- 南昌：江西美术出版社，2017.5
ISBN 978-7-5480-4342-3

Ⅰ．①做… Ⅱ．①约… ②徐… Ⅲ．①洛克菲勒（Rockefeller, John Davison 1839-1937）- 自传 Ⅳ．① K837.125.38

中国版本图书馆 CIP 数据核字（2017）第 033276 号

出 品 人：汤 华
企　　划：江西美术出版社北京分社（北京江美长风文化传播有限公司）
策　　划：北京兴盛乐书刊发行有限责任公司
责任编辑：王国栋　楚天顺　陈 东　陈漫兮
版式设计：刘 艳
责任印制：谭 勋

做生意的艺术

作　　者：（美）约翰·D. 洛克菲勒
译　　者：徐建萍

出　　版：江西美术出版社
社　　址：南昌市子安路 66 号江美大厦
网　　址：http：//www.jxfinearts.com
电子信箱：jxms@jxfinearts.com
电　　话：010-82293750　　0791-86566124
邮　　编：330025
经　　销：全国新华书店
印　　刷：保定市西城胶印有限公司
版　　次：2017 年 5 月第 1 版
印　　次：2017 年 5 月第 1 次印刷
开　　本：880mm × 1280mm　1/32
印　　张：7
I S B N：978-7-5480-4342-3
定　　价：26.80 元

译者的话

在市场经济中，社会上的每个人，本质上都是生意人——依靠商业和交换生存。这是300多年前亚当·斯密先生的发现，他指出，每个“生意人”都从自私自利的目的出发，追求自身利益的最大化，但最终的结果却是让整个社会更加富裕和文明。

因此，当我们掌握了一门手艺、学会了一种技术、获得了一个专业学位、有了宝贵的创意……我们就要设法把它们变成一项可以稳健获利的生意，我们就要学会用商业的原则去最大化地实现它的价值。

洛克菲勒是全球历史上除君主外最富有的人，是世界公认的“石油大王”。他在当时所拥有的财富，如果剔除掉通货膨胀的因素，则比今天福布斯富豪榜前两名——比尔·盖茨和巴菲特——的总和还要多。

洛克菲勒是一个很典型的美国商人。他诚信、保守、节俭的经商原则，散发着基督教新教伦理中的清教徒精神；他以小吃大、联合垄断的强悍作风，很像当年策马横枪、披荆斩棘的西部牛仔；他礼贤下士、善于合作、热心慈善的举动，又完全体现了一个绅士的慷慨和做派；而他那些善于应变的生意谋略又酷似精打细算、讲求实务的街头小贩。

据说，不久前上任的美国总统特朗普，唯一公开承认的偶像就是洛克菲勒。特朗普凭借过人的精明和特殊的生意才干，在短短的几十年里，积累了上百亿美元的财富。他与众不同的观点，让整个世界为之瞠目，但却为金融海啸后士气沮丧的美国人打了一针强心剂。在这个崇尚英雄、尊重企业家的国度里，一时间，特朗普被人奉为完美的化身，尽管也有人反对他略显幼稚的从政经验，但他还是有惊无险地战胜了希拉里，赢得了总统选举。

我们无法确认洛克菲勒对特朗普的影响到底有多大，但可以确认的是，不论在美国，还是在世界的其他地方，当有人提起洛克菲勒的名字，周围的人无不竖起耳朵倾听。而洛克菲勒生前的回忆录和信札，则更成为后世的人们反复阅读的文字，希望能从中发现和感悟这位传奇人物的秘诀和法则。

我们在翻译这本书的过程中，曾强烈地感到洛克菲勒的经营艺术中，有许多高明之处是可以跨越时空的，不仅能为今天的我们所用，也会成为人类文明永恒传承的一部分。

《做生意的艺术》中文版，第1-7章的内容是洛克菲勒的回忆录，第8章是选自他与儿子的通信。相信这些原汁原味的文字，能帮助每个人找到自己的感觉，受到新的启发，产生追求卓越的激情，让自己的生活和周围的世界变得更美好。

前言

Preface

或许到了人生的某个阶段，每个人都愿意回忆起大大小小的往事，正是这些往事构成了辛勤工作和快乐幸福的人生百味。我发现自己正在变成这样一个絮絮叨叨的老人，急切地想把在我积极向上的一生中出现过的人和发生过的事告诉大家。

我所交往的人大多是这个国家最有趣的一些人，尤其是商业界的生意人，正是他们构筑了美国商业，并把美国商品远销全球。下面要谈到的这些往事在当时对我至关重要，因此，直到现在，仍然深深地烙在我的脑海中，经常勾起我的回忆。

到底在多大程度上对公众保持隐私，或者在多大程度上保护自己不受攻击，这一直是一个争论未决的问题。如果一个人过多谈论自己的所作所为，很容易被冠以自大的称号；如果一个人保持沉默，有时可能更容易引起别人的误解，觉着你做错了什么事情，他们把沉默当作是你无法辩驳的明证。

我从来不习惯于把个人事务公之于众，但既然我的家人和朋友想让我把一些有争议的事情阐述清楚，留下记录，我想还是应该听从他们的建议，以这种非正式的方式重新回忆生命中的有趣经历。

现在写这个回忆录还有另外一个原因：如果在公众中广为流传的事情只有十分之一的内容真实可靠，那么我的那些忠诚而又能干的朋友，一定蒙受了深冤，他们中的许多人已经与世长辞。本来我已经决定保持沉默，希望离开人世之后，事实会逐渐地浮出水面，历史将做出公正的裁决。不过我还活着，还能够证明一些事情，似乎应该站出来，帮助人们从新的视角来看待一些颇具争议的事情。我相信，人们还没有充分地理解这些事情。

所有这些事情事关逝者的声誉及生者的生活，因此，唯一合理的做法就是在公众做出最终评判前，为他们提供一手的资料。

着手写这些回忆材料之前，我并没有想到要把它出版成书，甚至没有把它当作一部正式的自传，所以没有认真地琢磨如何安排前后顺序及保证故事的完整性问题。

沉浸在多年来朝夕相处、亲密无间的合作伙伴和同事间的深厚友谊中，我感到无比的快乐和满足。但我意识到，虽然这些经历是我一生中的快事，但如果长篇大论肯定会让读者厌烦，因此，在回忆录中，我只提到了在构筑商业利益中，表现积极活跃的一小部分合作伙伴。

约翰·D.洛克菲勒

1909年3月

Contents

目 录

第三章　对企业经营管理的认识

第四章　石油行业的经历

第五章　其他的商业经历和商业原则

第一章

做生意的首要因素：人

做生意的艺术

从签名本上发现的人才

由于只是一些零散、非正式的回忆记录，所以我可能会絮叨很多小事情，请大家见谅。

回顾我的一生，脑海中留下的最鲜活的回忆便是和老同事共事的那些场景。在本章谈起这些朋友，而不谈别的朋友，并不是说其他人对我不重要，我只是想在后面的章节中，再谈谈早期的那些朋友。

人们可能会忘记与一个老朋友初次相逢时的情景，或者对一个老朋友的第一印象是什么，但我永远不会忘记第一次见标准石油公司现任副总裁约翰·D.阿奇博尔德先生（John. D. Archbold）时的情形。

那是大约35年或40年前，当时我正周游全国，与生产商、炼油商、代理商交流，四处考察，了解市场行情，寻求商机。

一天，在油田地区附近有个聚会，当我到达旅馆时，里面已经挤满了石油行业的商人，我看到签到本上写着一个大大的名字：约翰·D.阿奇博尔德，每桶4美元。这是一个富有朝气、热情四射的家伙，不失时机地进行宣传，在签到本的签名后面还加上了广告语“每桶4美元”，估计没有人会怀疑他对石油业的坚定信念了。每桶4美元的呐喊非常引人注目，因为当时原油的价格远低于此，这次争取高价的战役一炮奏响——因为这个价格令人难以置信。但阿奇博尔德先生最终不得不承认，原油不值“每桶4美元”，即便如此，他始终保持着热情、干劲和无与伦比的影响力。

他天性幽默。法庭是一个严肃的场合，有一次，他出庭作证时，对方律师问他：“阿奇博尔德先生，你是这个公司的董事吗？”

“是的。”

“你在这个公司担任什么职务？”

他立刻回答道：“争取更多分红。”这个回答将那位学识渊博的律师引到了另一个问题上。

我一直惊叹于他解决问题的卓越能力。现在，我见到他的机会少了，他总是日理万机，手头有处理不完的事情，而我则远离喧嚣的商界，打打高尔夫球、种种树，过着农夫的田园生活，即便这样，仍然觉着时间不够用。

说起阿奇博尔德先生，我必须再次强调一下，在标准石油公司工作期间，他们给予我很多声誉，让我愧不敢当。我非常幸运，能够把这么多能力超群的人联合在一起，他们现在都是公司中举足轻重的人物。我与他们已经共事多年，因为他们，许多困难重重的任务都被完成了，公司得以不断发展壮大，走到了今天。

我与大部分同事都交往多年，到现在这个年龄，几乎不到一个月（有时我觉得不到一周），就不得不给相交的家族发出唁电，安慰那些丧失亲人的家人。最近，我数了一下已经去世的早

洛克菲勒家族照片

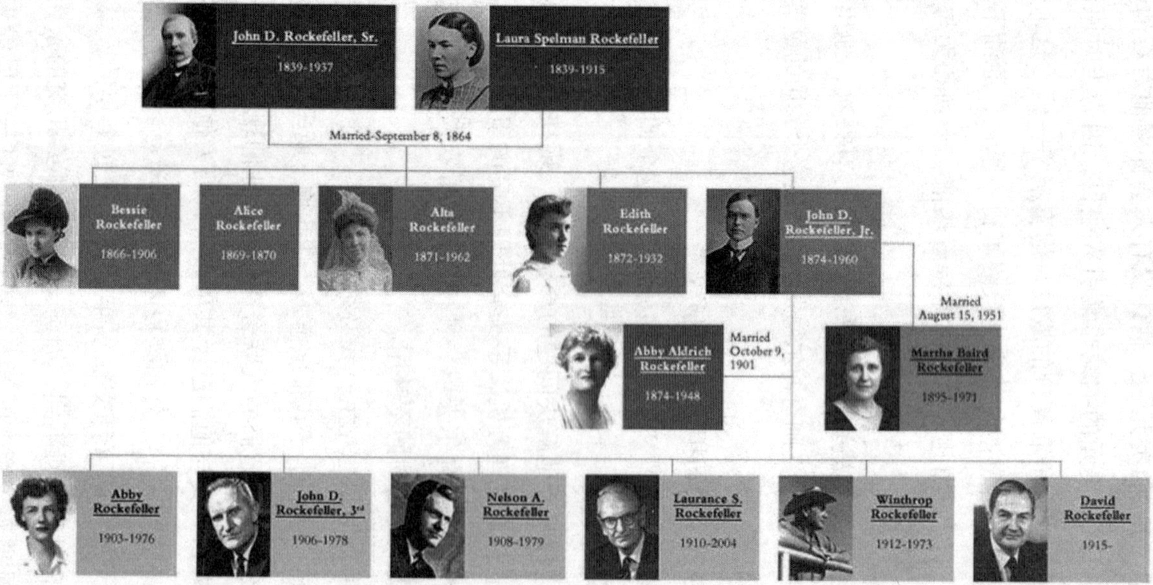

洛克菲勒家族谱系图

期共事的同事，还没有数完，已经60多个了。他们是踏实、真诚的朋友，我们共同努力，共担风雨，一起度过了艰难的时光。我们曾讨论、争执、斟酌许多问题，直到最终达成共识。我们彼此坦诚相对，做事光明磊落，对此我一直感到十分欣慰。没有这些做基础，商业伙伴就无法取得事业的成功。

当然，让这些意志坚定、坚强有力的人达成共识并不是一件容易的事儿。我们的方法是耐心倾听、坦诚讨论，每个人都开诚布公，把所有细节都拿到桌面上讨论，尽量得出结论，最终决定行动的进程。这些同伴中保守者通常占大多数，这无疑是件好事，因为大公司总是有一味扩张的冲动。成功人士通常会比较保守，因为一旦失败，他们会失去很多。但幸运的是，也有一些野心勃勃、敢于冒险的同事，通常是公司中最年轻的，虽然人数少，但敢作敢为，极具说服力，令人信服。他们希望有所作为，并快速付诸行动，他们不介意承担工作的压力，敢于承担责任。我对保守者遭遇激进者——我可以称他们为激进者吗？——或者说是敢于冒险的人时的情形记忆深刻。在所有的事件中，我都是后者的忠实代表。

平息生意伙伴间的争论

我有一个合作伙伴，已经建立了宏伟大业，生意红红火火，蒸蒸日上，他坚决反对我们大多数人支持的企业改进计划。据估计，这个企业改进计划耗资巨大，我想大约要花费300万美元。

我们反复讨论，和其他几个同事分析了所有利弊，并且运用了能够获得的所有论据，证明为什么这个计划不但有利可图，而且关键是能保持我们原有的领导地位。这位老合作伙伴异常固执，坚决不屈服，我甚至能够看到他把手插到裤兜里，头向后昂，站在那里，摆出抗议的姿态，歇斯底里地喊着：“不行！”

很遗憾，为了捍卫自己的立场，一个人用争吵的方式而不是考虑如何寻找证据来支撑自己的观点。他失去了冷静的判断，他的思维已经处于停滞状态，只剩下了固执。现在，就像我前面提到的，这个必须要进行的企业改善方案至关重要。然而，我们不能和老合作伙伴翻脸，我们中的一少部分人下定决心尽全力说服他。于是我们决定通过另一种方式说服他，对他说：“你说我们不需要花这些钱？”

“是的，”他回答道，“投入这么一大笔钱，可能需要很多年才见到收益。当前不需要你们想要建造的这些设施，现在工程进展良好，只要能保持现状就够了。”

这位合作伙伴明智多才、经验丰富、资历很老，对这一行业比我们所有人都熟悉，但我已经说过，我们其他人已经下定决心，如果我们能够得到他的同意，就坚决执行这个想法，如果他不同意，我们也愿意等。激烈的争论过后，争吵渐渐平息下来，我们又把这个话题提出来。我已经想到了另外一种新的方式来说服他。我说：“那我独自出资，自己承担风险。如果这项支出证明有利可图，公司就把资本还给我；如果亏损了，我来承担损失。”

我的这些话打动了他，他不再像原来那么固执了。他说：“既然你这么笃定，那我们共同承担风险吧。如果你可以承担这个风险，我想我也可以。”事情就这么定下来了。

昼夜不停的石油勘探

我想，所有企业都面临着如何明智地把握企业发展速度的问题。当时，我们的企业发展迅速，到处大兴土木，向各个领域扩展领地。我们要不断应对各种新的突发事件。发现新的油田后，不得不马上制造出用来储存原油的油罐。旧的油田日渐枯竭，也会出现新情况，我们因此面临着双重压力，一方面要放弃旧油田我们已经建好的整套设备，另一方面，不得不在毫无准备的新油田附近建造工厂，做好储存和运输石油的准备。石油贸易之所以属于风险行业，这是原因之一，但好在我们有一个勇敢无畏的团队，我们都意识到一个重要原则，那就是如果不能全面而有效地把握风险和机遇，企业就不可能获得重大的成功。

我们反反复复地讨论这些棘手的问题！有些人急于求成，希冀马上投入大量资金；其他人则希望能够保持适度发展速度，稳健前进。这通常是一个妥协的过程，但每次我们都将问题提出来，一一解决，解决的结果既不像大多数激进派所希望的那么冲动激进，也不像保守派所希冀的那么小心翼翼，不过最终，双方都能就这些问题达成基本共识。

基于生意的友谊好过基于友谊的生意

我最早的一个合作伙伴亨利·莫里森·弗莱格勒先生（Henry Morrison Flagler）一直是我学习的榜样。他总想冲在前面，完成各种各样的大项目；他乐观努力，总是积极地处理每一个问题，公司早期的快速发展很大程度上应归功于他惊人的干劲。

取得像他这样成就的人，大部分都希望退休，享受舒适的晚年生活，但他却孜孜不倦地奋斗一生来履行自己的使命。他独自承建了佛罗里达州东海岸铁路。他计划建造从圣·奥古斯丁至基韦斯特（Key West）600多公里的铁路。建造这么长的铁路对任何人来说都是一项足以傲世的大事业，但他不满足于此，还建立了一系列豪华酒店，吸引游客到这个新开发的国家来旅游。更为重要的是，他运筹帷幄，把所有计划都付诸实践，获得了巨大的成功。

就是这样一个人，利用自身的干劲和资金，推动了这个国家一大片疆土的经济发展。不论是本地居民，还是新来移民，都拥有了产品交易的市场。他为成千上万人提供了就业机会，最为重要的是，他承担并完成了一项不同寻常的工程伟业，即建造穿越大西洋，从佛罗里达群岛至基韦斯特的铁路，这个计划他已经筹划了多年。

第一口油井为E.L.瑞克——一个退休的火车检票员所钻得。1859年他开始在宾夕法尼亚的泰特斯维尔钻井

实际上，所有这些事情都是在大多数人认为他已经到达事业顶峰后所做的，任何人如果处于他当时的位置，可能都会选择退休，坐享自己的劳动果实。

我第一次见弗莱格勒先生时，他还年轻，向克拉克－洛克菲勒公司代销产品。这个年轻人聪明努力、积极主动、冲劲十足，给我留下了深刻的印象。当时，我们已进入石油行业，他是一名代销商，与克拉克先生在同一栋楼里工作。那时，克拉克先生已经接管了克拉克－洛克菲勒公司，事业蒸蒸日上。不久之后，他便买下了克拉克先生的股份，并购了他的公司，扩大了经营范围。

自然而然，我们见面的机会多了起来。与生活在纽约这种地方的人相比，生活在克利夫兰那样小地方的人相互之间接触更多，联系更加紧密。因此，我们之间的关系也从生意伙伴逐渐发展为商业友谊。随着石油贸易的不断发展，我们需要更多的支持和帮助，我一下子想到了弗莱格勒先生，希望他能成为合作伙伴。于是，我诚挚地邀请他放弃委托贸易，加入石油行业。他接受了邀请，我们之间持续终身的友谊由此开始了，而且这一友谊从来没有中断过。这是一种基于商业合作的友谊，弗莱格勒先生曾说过，这种关系远远好过基于友谊的商业合作。之后我的经历也证实了这一点。

我和这位早期的合作伙伴并肩战斗了许多年：我们在一个办公室工作，住在同一条街——欧几里得大街（Euclid Avenue）上，住所相距只有几步。我们一起走着上班，一起走着回家吃午餐，吃完午饭后一起回办公室，晚上下班后一起回家。在路上时，没有办公室里的打扰，我们一起边走边思考、交谈、做计划。在实践中，所有的合同都是弗莱格勒先生起草的。在这一方面，他能力超群，总是能够清晰准确地表达合同的目的和意图，避免出现误解，保证对签约双方公平公正。我还记得他经常说的话，在签订合同时，必须设身处地地用同一标准考虑双方的权益，这就是亨利·莫里森·弗莱格勒先生的做事方式。

有一次，弗莱格勒先生连问都没有问，毫不犹豫地接受了一份合同，令我十分吃惊。那次，我们决定买一块地建炼油厂，当时这块地属于我们两人都很熟悉的约翰·欧文。欧文先生从办公室拾起了一个马尼拉纸做的大信封，在背面起草了土地买卖合同。合同的条款与常规的此类合同类似，只不过有一处写着“南面界线到毛蕊花杆处”之类的话。在我看来，这个定义有点模糊，但弗莱格勒先生说：

“好的，约翰。我同意这份合同，不过如果将毛蕊花杆处换为合适的标桩处，你会发现整份文件将准确而完整。”当然，像他说的这样确实非常准确。我甚至想说有些律师可以拜他为师，学习起草合同，这对他们肯定有好处，但可能法律界的朋友会觉得我有失公允，所以我不会强求大家都赞同这个观点。

弗莱格勒先生做的另一件事情也让我十分钦佩。在公司发展的早期，他坚持炼油厂不能依照当时的惯例，建造得轻薄简陋，不结实。当时，每个人都担心石油会消失，花在建筑上的钱会打水漂，所以都用最劣质廉价的原材料建炼油厂。弗莱格勒先生反对这样的做法。虽然他不得不承认油井可能会枯竭，石油贸易拥有巨大的风险，但他始终认为既然我们选择了这一行业，就必须充分地了解它，尽全力做好它；我们应该拥有最好的设施；所有设备都应该坚固结实；必须竭尽全力争取最好的结果。他坚持建造高标准炼油厂的信念，似乎石油行业将经久不衰。他坚守信念的勇气为公司后来的发展奠定了坚实的基础。

标准石油一号炼油厂

今天仍在世的很多人每每回忆起当时聪明智慧、乐观真诚的年轻的弗莱格勒先生，无不点头称赞。我们在克利夫兰收购某些炼油厂时，他表现尤为活跃。一天，他在街上偶遇一位德国老朋友，这位朋友曾是个面包师，多年前弗莱格勒先生向他卖过面粉。他告诉弗莱格勒先生，他已经不做面包生意了，建了一个小炼油厂。弗莱格勒先生很惊奇，他并不赞成朋友把一小笔资金投到建小炼油厂上，觉得肯定不会成功。但开始时，他也不知道能做点什么，不过有段时间，他一直想着这件事儿，显然，这件事情让他有点烦。最后他跑来跟我说：

"那个面包师懂得如何烤面包，但对于炼石油，他知之甚少，不过我还是觉得邀请他加入我们更好一点——否则我会良心不安。"

当然我同意了。他把这事儿告诉了他的朋友，他的朋友表示如果我们派人去给他的工厂估价，他愿意出售炼油厂。我们派人去给他估价，却出现了一个意想不到的难题。面包师对我们的出价很满意，但坚持让弗莱格勒先生给他提点建议，他是应该收取现金，还是换取同等票面价值的标准石油公司的证券。他告诉弗莱格勒先生，如果收取现金，他便可以还清所有债务，免去许多烦恼；但如果弗莱格勒先生说证券将会获得不错的分红的话，他想试一下，得到长期的收益。对于弗莱格勒先生来说，这是一个相当困难的提议，开始时，弗莱格勒拒绝为他提建议或者表达个人的观点，但这个德国人非常固执，非要知道弗莱格勒先生的意见，不让他逃避原本不属于他应该承担的责任。最后，弗莱格勒先生建议他收取一半现金还债，剩下的一半换购证券。他照做了，之后，他又购买了更多的证券，弗莱格勒先生永远不用为自己的建议道歉了。我相信我的这位老合作伙伴在这件事情上花费的时间和精力，绝不亚于在处理自己的任何一件大事上花费的时间和精力，这件事情完全可以作为评价一个人为人处世的一个标准。

朋友的价值胜过其他所有财富的价值

老一代的故事可能对年轻一代没有什么吸引力，但它们并不是没有一点用，尽管故事有些乏味，却可以让年轻人认识到，在生命的每个阶段，朋友的价值远超过所有其他所有财富的价值，没有人能例外。

当然，朋友有多种，不尽相同！所有朋友都应该保持联系，尽管朋友有亲有疏，但不论哪种类型的朋友都很重要；当一个人渐渐老去时，会更深切地体会到这一点。有一种朋友，在你需要帮助时，总是有理由不提供帮助。

“我不能把钱借给你，”他说，“因为我和合作伙伴之间有协议，不能把钱借给别人。”

“我非常愿意帮你，但这个时候确实不方便。”诸如此类的理由。

我并不想指责这种友谊。因为有时是性格使然，有时朋友只是心有余而力不足。我想了想，我的朋友中，这种类型的人很少，大部分人都能够为朋友两肋插刀。我有一个朋友，在这方面表现特别突出，从第一次见面，就对我非常信任，他就是哈克内斯（S.V. Harkness）。

有一天，一场大火将我们的石油仓库和炼油厂在几个小时内夷为平地——所有一切都毁了。虽然可以向保险公司索赔几十万美元，但我们仍担心索赔这么大的数目会耗费很多时间。工厂必须马上重建，重建资金的问题亟待解决。哈克内斯先生对我们的生意颇感兴趣，于是我对他说：

“我可能需要向你借些钱。我不知道最后是不是会用得上，但还是想先提前跟你打个招呼。”

听到我的话，他并没有要求我做更多的解释。

他向来沉默寡言，只回答道：“好的，约翰，我会尽我所能帮助你。”那天晚上，听到这话后，我马上从烦恼中解脱出来，一身轻松地回到了家。结果，在建筑商要求付款之前，我们收到了利物浦伦敦环球保险公司的全额赔款。尽管不需要向他借钱了，但我永远不会忘记在危难之时他给予的精神上的慷慨相助。

我遇到的此类经历并不少，但我很庆幸有许多热心相助的朋友。创业之初，我欠了很多债。当时，生意多，公司发展迅速，需要大量的资金，银行似乎一直慷慨地为我提供贷款。那场大火给我们带来了一些新情况，我开始研究现状，考虑我们所需的现金量。从那时起，我们总是准备足够的现金储备，以应对随时可能出现的急需资金的突发情况。

就在这段时间，发生了另一件事情，再次验证了患难见真情的道理，不过，直到多年以后，我才听说了这件事情的完整经过。

我们曾与一家银行有大量业务往来，我的朋友斯蒂尔曼·维特先生财力雄厚，是该银行的董事。在一次会议上，董事会把我们借款的问题提出来讨论。为了不让其他人对此项借款提出质疑，斯蒂尔曼·维特拿来了他的保险柜，说道：

“各位，这些年轻人信誉良好，如果他们想要借更多钱，我希望银行能毫不犹豫地借给他们。如果你们还是不放心，想要更多的保证，就在这里。你们可以拿走你们想要的。”

当时，为了节省运输费用，我们通常通过水路，经湖泊和运河运输石油，进行这些运输需要额外的资金，为此我们需要借大量的钱。当时，我们已从另外一家银行争取了大量借款，该银行行长告诉我，董事会已经在过问我们的大量借款及信誉，可能会约我面谈。我回答道，能够与董事会见面，我深感荣幸，因为我们需要从银行申请更多贷款。不用说，我们申请到了需要的贷款，但并没有人约我面谈，寻求进一步的解释。

约翰·D.洛克菲勒在Richford,NY的家

但恐怕我对银行、金钱和生意谈论得太多了。我认为，没有什么比花费所有的时间，为挣钱而挣钱的人更加可耻和悲哀的

了。如果年轻四十岁，我愿意再次投入商界，因为与有趣、机智的人打交道是一件乐事。但我每天都有许多兴趣爱好来打发时间，所以只要我活着，我就期待着用一生来继续和发展的鼓舞人心的计划。

从16岁投入商界到55岁从活跃的商业活动中退休，在这么长的一段时间中，我必须承认，我经常可以享受美好的休假时光，因为我有最高效的团队、最称职的人才帮我分担重任。

我觉得自己是一个注重细节的人。我的第一份工作是簿记员，不管数字和事实多么微小，我对其都极其敏感和重视。早期的工作中，任何与会计相关的工作都会分派给我做。我有一种追求细节的热情，而这正是后来我不得不去努力改善的性格特点。

洛克菲勒在克利夫兰市森林山（forest hills）的家

在纽约的波肯提克山庄（Pocantico Hills），我有一栋旧房子，在里面住了多年，过着简单而平静的生活。那里风景如画，引人入胜。我在那里研究美景、树林和哈德林河优美如画的景色，度过了愉快的时光，但当时我本应该争分夺秒地投身商业中。因此我担心，在有了这样一个开始后，我将不会再被称作勤奋的商人了。

洛克菲勒在纽约第54大街的家

“勤奋的商人”这个短语让我想起克利夫兰一位旧识好友，他对工作可谓恪尽职守、兢兢业业。我曾与他谈起我的一个特殊爱好——一些人称之为庭园法，对我来说，是设计林中小径之类的艺术，毫无疑问，他觉得无聊透顶，不值一提。35年前的这位朋友公开否定了这一爱好，认为这是浪费时间的愚蠢事情，他认为商人不应该把时间浪费在这种事情上。

一天，春意盎然，温暖宜人，我邀请他和我共度下午时光，观赏一下我在花园中设计并铺设的林中小径（在当时，对于一个商人来说，这是一个最为不同寻常和鲁莽的提议）。我甚至还告诉他我会热情款待他。

“我来不了，约翰，”他说，“今天下午我手头有件重要的公事要办。”

“噢，即使这样，”我劝道，“如果你看到那些小径的话，你会感到前所未有的快乐——两旁的大树和……”

“约翰，继续谈你的树木和小径吧。我告诉你，今天下午有条矿砂船要到，我的工厂正等着它呢。”他满心欢喜地搓着手，“即便错过欣赏基督教界所有的林间小径，我也不想错过看它开进来。”他为贝西默钢轨合伙公司提供矿砂，每吨售价120~130美元，如果工厂停工一分钟等矿砂，他便觉得正在错过一生的机遇。

正是这个人，经常遥望湖面，精神紧绷，希望看到矿砂船的影子。有一天，他的一位朋友问他是否能够看到船。

“不能，看不到，”他不情愿地承认，“但它时刻在我眼前。”

矿砂业是克利夫兰最具有诱惑性的大行业。50年前，我的老雇主从马凯特地区以每吨4美元购进矿砂，再想想数年后，这个林间小径建造者正以每吨80美分的价格大量购进矿砂，由此发家致富。

这是我在矿砂业发展的经历，接下来我还会继续讲述。我想先提一下我精心研究了30多年的爱好——园林艺术。

留出时间发展自己感兴趣的事

当我宣称自己是个业余造园技师，很多人都感到惊奇，包括一些老朋友。最近需要解决的问题是在波肯提克山庄的什么位置建造新房子。为了防止我破坏了家中的美景，家人聘请了一位专业的造园技师。我认为我有我的优势，那就是熟悉这里的每一寸土地，对每一个角度的风景都了如指掌，所有的参天大树都是我的朋友——我已经研究过几百遍了；于是，在这位伟大设计师设计好方案，画出草图后，我问我是否也可以尝试一下这项工作。

几天后，我做好了规划，道路设计的角度正好将最美的景色尽收眼底，这是那天爬山时看到的令我震惊的景观。路的尽头，河流、山峦、白云和乡村美景相映成趣，我设计了道路经过的路线，并将桩杆固定在我认为的房子的最佳位置处。

“仔细看看，”我说，“然后，判断哪个方案更好。”这位权威人士最终接受了我的方案，认为我的规划可以展现最美丽的景观，并同意了房子的选址，此时，我的自豪感溢于言表。在业余时间里，我不知道自己到底设计了多少的景观路，不过，有一点可以肯定，我经常为此殚精竭虑，思考到深夜。设计路线时，我时常去考察路况，直到天黑无法看清小标桩和标记时才回来。与大家谈论景观设计可能有点自吹自擂，不过由于我的故事大多是生意上的事儿，或许谈点业余爱好会增添文章的趣味性，避免枯燥乏味。

我做生意的方式与同时期一些经营最有方的商人不同，这种方式让我拥有更多的自由。即使标准石油公司的业务转移到纽约之后，我大部分时间仍然待在克利夫兰的家中，现在仍然如此。如果有一些场合我必须出席，我会去纽约，但大部分时间，我都是通过电报处理公司事务，留下时间致力于发展自己感兴趣的事情——包括规划景观路、植树、培植小树苗。

我所经营发展迅速的所有盈利项目中，我认为收益最丰厚的是我的小苗圃。我们保留着每一片苗圃的账本，不久前，我惊奇地发现从威斯特郡迁移到新泽西州雷克伍德（Lakewood）的幼苗，经过几年的生长，已经大大升值。我们种下上千棵幼树，尤其是常绿树——我觉着可能已经种下了上万棵树，用于日后的种植计划。如果我们将幼树从波肯提克山庄移植到木湖市的家里，照市价在一个地方收购这些树林，然后在另一个地方出售，我们是自己最好的客户。在波肯提克山庄，买入时的价格是每株5美分或10美分，但出售给雷克伍德市的家中，其价格每株可以达到1.5美元或2美元，我们可以小赚一笔。

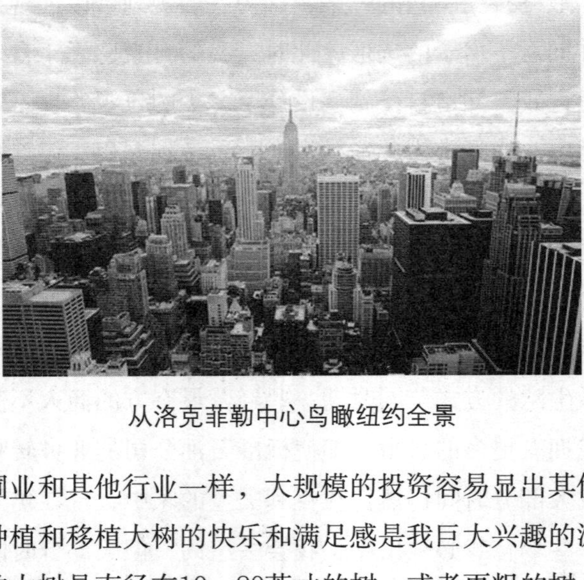

从洛克菲勒中心鸟瞰纽约全景

苗圃业和其他行业一样，大规模的投资容易显出其优势。多年来，种植和移植大树的快乐和满足感是我巨大兴趣的源泉——我所指的大树是直径在10～20英寸的树，或者更粗的树。我们购置挖掘机，与自己的工人一起工作，如果你学会如何与这些精灵相处，你就可以自由地处置树木，享受一种真正出人意料的感觉。我们移植的树很多都有70英尺或80英尺高，也有的达到了90英尺。当然这些都不是幼树了。我们曾经尝试移植过各种树，甚至包括一些专家认为不能成功移植的树。或许最大胆的尝试就是移植七叶树了。我们伐起大树，进行远距离运输，有的树甚至在开花之后被移植，每棵树的运输成本是20美元，绝大部分树都能成活。由于尝试取得了巨大成功，我们也越来越大胆，尝试移植不合季节的植物，经过实践后，取得了令人满意的成效。

纽约曼哈顿第五大道洛克菲勒大厦

我们尝试了不同类型的数百棵应季及不应季的植物移植，包括我们刚开始学习这一技艺时在内，总的损失控制在10%以内，可能更接近6%或7%。单季中树林移植的失败率大概是3%。我得承认，对于一些大树来说，生长可能会被延迟两年，但这是小问题，因为青春已逝的人们希望立刻获得他们想要的效果，而现代的挖树机可以帮他们实现梦想。我们曾将大丛的云杉分类、排列，以达到我们想要的目的。有时，甚至用云杉覆盖一整片山坡。橡树在较小时可以成功移植，长大之后便无法移植成活，橡树和山胡桃树接近成熟时，我们也不对其移植；但我们曾经成功移植了椴木，甚至毫发无伤地连续移植了三次。移植桦树有点棘手，但除西洋杉之外，常绿树几乎都可以移植成功。

我对园林规划的热情由来已久。我仍然记得，小时候，我想砍掉餐厅窗外的一棵大树，因为我觉得它挡住了窗外的美景。对于我的这个想法，家里有人反对，但我想亲爱的母亲赞同我的决定，因为有一天她说："孩子，我们八点吃早餐，如果在这之前树已经倒了，大家看到曾经被大树挡住的美景，就不会抱怨了。"

于是我便这样做了。

第二章

做生意的原则和方法

第一个记账本

我非常感激我的父亲，因为他教会了我许多实践的方法和实用的技能。他经营过多家不同的公司；以前他时常跟我讲起工作上的事儿，并向我解释每件事情的意义；他教给我做生意的原则和方法。很小的时候，我就有了一个小本子，记录我的收支情况，以及定期捐出的小数额款项。我至今还保留着它，把它叫作“记账本”。

约翰·D.洛克菲勒的父亲威廉·洛克菲勒

一般来说，中等收入者的家庭生活更加和谐，不像富有的人家，什么事情都可以由仆人代劳，我觉得自己非常幸运，出生在中等收入的家庭中。七八岁时，我在妈妈的支持下，开始了首次创业，做成了第一单生意。我养了一群火鸡，妈妈给我一些牛奶的凝乳喂养它们。我精心地照料着它们，养大后把它们卖掉。我的记账本中全都是利润，因为没有什么需要支出的，我一丝不苟地记录着每一次收入。

我非常享受这种小营生。直到今天，闭上眼睛，我仍可以清晰地看到那群优雅而高贵的火鸡沿着小溪静静地踱步，穿过丛林，小心翼翼地溜回自己的窝。直到今天，我仍很喜欢看一群群火鸡，从来不错过任何研究它们的机会。

母亲对我们的管教十分严厉，一旦我们出现了不学好的苗头，她便用桦树条鞭打我们。有一次，由于在学校惹祸，我被妈妈打了一顿。打完之后，我才有机会解释，发现自己很无辜。

“不要紧，”妈妈说，“这次打都打了，下次再犯错就不打你了。”在很多情况下，妈妈都是这种态度。

我记得，尽管大人严格禁止我们晚上溜冰，有一天晚上，我们几个男孩子实在忍不住，还是跑出去了。还没有开始溜冰，我们就听到了求救声，接着发现一个邻居踩碎了冰，掉到了水里，随时可能被淹死。我们找了一根长杆，伸到水中，成功地将他解救出来。他的家人对我们感激万分。虽然并不是每一次溜冰都会救人一命，但我和兄弟威廉都觉得，尽管我们不听大人的话，但毕竟做了好事，救人一命，所以可以减轻对自己的责罚。但实践证明，我们的想法是错误的。

第一份工作

16岁时，我即将完成中学的课程，家里人原本计划送我去读大学，但后来还是觉得最好先让我去克利夫兰的商业学校学习几个月。学校里教授簿记和一些商业贸易的基本原则。这些训练虽然只持续了几个月，但让我获益匪浅，是我人生的珍贵财富。但是如何找到工作——这是个问题。几周以来，我走遍大街小巷，费尽口舌，询问商人和店主是否需要雇人，但我的自荐均以失败而告终。没有人愿意雇佣一个小孩，个别人甚至没有什么耐心跟我谈论这个话题。终于，克利夫兰码头有一个人告诉我，吃完午饭去他那里。我欣喜若狂，看来，我总算可以开始工作了。

我焦虑万分，生怕失去这个好不容易争取到的机会。终于，约定的时间到了，我来到未来雇主那里，进行了自我介绍。

“我们将给你提供一个机会。”他说，却连提都没有提薪酬的问题。这一天是1855年9月26日，我兴冲冲地到赫维特－塔特尔公司上班了。

开始做的那些工作，我有一些优势。我前面说过，父亲对我进行的培训很实用，商业学校的课程也教会了我做生意的基本知识，因此，我还算拥有一定的工作基础。同时，我运气很好，在一位优秀簿记员的指导下工作，受益匪浅。这位前辈严格自律，兢兢业业，而且愿意指导我，让我很快成长起来。

转眼到了1856年1月，塔特尔先生给了我50块作为三个月的工钱。毫无疑问，这是我应得的报酬，总体来说，这份报酬让我十分满意。

第二年，我仍然做原来的工作，学习各方面业务及与公司业务相关的文书工作，此时，我的月薪是25美元。公司的主要业务是代理农产品批发和运输，我所在的部门负责行政事宜。我的上司是公司的总簿记员，加上作为公司股东所获得的分红，他的年薪达到了2000美元。第一个财政年度结束时，他离开了公司，我接任了文书和簿记工作，此时，我的年薪是500美元。

回首这段学徒生涯，我感触颇多，这段生活对我后来的事业发展产生了极其重要的影响。

首先，我的工作都在公司的办公室里完成。他们讨论公司事务，制订工作计划和做出经营决策时，我一直在现场。因此，比起同龄的孩子，我拥有更多的优势。这些孩子可能比我反应更快，计算和写作也比我好，但却没有我这么好的机遇。公司经营范围广、业务多，因此，我所受的锻炼及学习到的东西也非常多。公司旗下有住宅区、仓库、办公楼等，出租做办公室或其他用途，我负责收租金。公司通过铁路、运河和湖泊运输货物，经常需要进行各种各样的谈判和交易，我一直积极地参与到这些工作中。

和当前许多大公司的办公室人员相比，我当时负责的工作要有趣得多。我全身心地投入到工作事务中，享受着工作带给我的快乐。渐渐地，查账的工作也由我负责，所有账单都首先经过我的手。我认真地履行着自己的职责。

记得有一天，在邻居的公司里，我正好遇到了当地的一位管子工拿着一摞账单来收账。这位邻居业务繁忙，我总觉得他旗下的公司多不胜数。他只瞥了一眼这些令人厌烦的账单，就对簿记员说："把钱付了吧。"

我们公司也聘用这位管子工，每次收账时，我都认真地检查账单，仔细核对每一项收费，每一分钱都不放过，尽量替公司节省下来，决不会像我的邻居那样敷衍了事。毫无疑问，今天许多年轻人也和我持相同的观点，那就是检查账单体现的是一种执行能力，可以避免让老板的钱流进别人的口袋，因此，必须认真负责，比花自己的钱还要小心谨慎。我笃定，那种简单随意的做事方式，肯定不会取得生意上的成功。

递送账单、收租金、处理索赔之类的工作使我有机会接触到各种各样的人。我必须学会怎样和不同阶层的人打交道，并使其与公司保持良好的关系。谈判的技巧非常重要，我施展浑身解数，尽量争取圆满的结果。

例如，我们经常从佛蒙特州向克利夫兰运送大理石，此类运输会涉及到铁路、运河、湖泊运输。运输过程中出现的货损货差须由三个承运人共同承担，而三方承担的责任大小是事先约定好的。对于一个17岁的男孩来说，如何处理好这个问题，让包括老板在内的相关各方满意，确实需要费一番脑力。但我觉得这没有什么难的，在我的印象中，我从来没有和承运人有过任何纠纷。17岁，是一个易受外界影响的年龄，在这个年龄里，处理所有这些事务，而且遇到紧急情况能够得到前辈的指教——这些经历对我来说弥足珍贵。这是我学习谈判原则迈出的第一步，后面我会再谈到这一点。

尽心尽责地工作，并从中得到锻炼，我觉得获益匪浅。

我估计，当时我的薪水远不及今天同等职位的人薪水的一半。第二年，我的年薪为700美元，但我觉得自己应该得到800美元。到4月时，我和公司没有就这个问题达成一致，再加上正好有一个自己做相同生意的好机会，于是，我便辞职了。

当时，克利夫兰城镇中的每个人几乎都彼此认识。有一个年轻的英国商人，叫M.B.克拉克（M.B. Clark），可能比我大十岁，他想开一家公司，寻找合伙人。他有2000美元的资金，希望合伙人也能提供相同的资金。这对我来说是个好机会，我已经存了七八百块钱，关键是如何凑够剩下的钱。

我和父亲谈了这件事情，他告诉我他本来打算等每个孩子满21岁时都给1000美元。他说如果我想现在拿钱的话，他可以预支给我，但是在满21岁前，我必须向他支付利息。

“但是，约翰，”他补充道，“利率是10%。”

当时，对于此类贷款，10%的年利率是很常见的。银行的利率可能不会这么高，但金融机构当然不可能满足一切需求，所以可以以高利率向私人借款。因为急需这笔钱入伙，我欣然接受了父亲的要价，拿到了钱，成为了新公司的新合伙人。新成立的公司叫克拉克－洛克菲勒公司。

自己当老板令我心满意足，我内心充满了自豪——我是一家拥有4000美元资金的公司的合作人！克拉克先生负责采购和销售，我负责融资和记账。我们主要经营货物运输，生意很快做大，自然也就需要越来越多的资金来拓展业务。除了从银行借款外，没有什么更好办法，问题是，银行会借给我们吗？

第一笔贷款

我去找一位相识的银行行长。我清楚地记得我多么渴望得到那笔借款，与这位银行家建立起良好的合作关系。这位绅士是一位友好温和的老先生，叫T.P.汉迪（T.P. Handy），性格出了名的好。五十年来，他一直致力于帮助年轻人。我在克利夫兰上学时，他就认识我了。我坦诚向他介绍了公司所有情况和公司的业务内容，以及我们将把钱用在何处，等等。之后，我诚惶诚恐而又满怀期待地等待他的答复。

“你需要多少钱？”他问。

“2000美元。”

“好的，洛克菲勒先生，我们借给你，”他回答道，“只需要把你们的仓库收据给我就行了。这就足够了。”

离开银行时，我简直欣喜若狂。我高昂着头——想一想，银行借给我2000美元！我觉得现在自己是圈子里举足轻重的人物了。

这位银行行长成了我多年的好友；当我需要资金时，他便给我贷款，而我几乎每时每刻都需要资金，需要他所有的资金。后来，出于感激，我去找他，建议他买一些标准石油公司的股票进行投资。他表示他也想买，但当时手头没有闲钱，于是我借给他钱。最后，他收回了本金，并获得丰厚的收益。这么多年来，他一直对我这么友好和信任，让我备感荣幸。

恪守经营原则

汉迪先生之所以信任我，是因为他相信我们会采取保守、适当的经营策略来管理我们的新公司。我清楚地记得，在当时，坚守自己认为正确的商业原则是多么难的一件事情。事情的经过是这样的，那时公司成立没有多久，我们最重要的客户——也就是货运量最多的客户——提出要求，希望在拿到提货单前，我们能够提前把货给他。当然，我们希望满足这个客户的要求，尽管担心失去这个客户，但作为公司的财务人员，我仍然拒绝了这一请求。

事情看上去非同小可。我的合伙人对于我的不妥协很不耐烦。面对这种尴尬的状况，我决定亲自去拜访这位客户，看看能不能说服他。与别人面对面接触时，我总能幸运地赢得他们的友谊，再加上合伙人的不满情绪，这些都激励着我背水一战。我觉得，和这位先生见面后，我能够让他明白他的提议将会树立一个不好的范例。经过反复思考，我觉着自己的说理（我自己认为）充分，逻辑性强，能够令人信服。见到他后，我向他陈述了所有精心设计的论据。然而他勃然大怒，丝毫不理会我的言辞，最后我不得不羞愧地向合伙人承认自己失败了。显然，我一无所获。

自然地，我的合伙人很担心失去最重要的客户，但是我坚持认为，我们必须恪守原则，不能答应货主提出的无理要求。不过，事情并没有想象的那么糟，我们吃惊地发现他继续和我们保持业务合作，似乎什么事也没有发生过，也再没提起过提前收货的事儿，这让我们十分感动。后来我得知，诺瓦克的一位叫约翰·加德纳的地方银行家，与我们的客户交往甚密，一直密切关注着这件小事儿。直到今天，我仍认为是加德纳建议我们的客户用这种方法考验我们，看看我们是否会违反自己宣称的商业原则。这个有关公司坚守商业原则的故事为我们带来了许多商机。

差不多就在那时，我开始走出去拓展业务——我以前从来没有尝试过那项工作。我几乎拜访了附近所有与我们所从事的业务相关的人，也走遍了俄亥俄州和印第安纳州。我认定拓展业务最好的方法是先简单介绍我们的公司，而不急于推销我们的货运服务。我告诉他们我是克拉克－洛克菲勒公司的代表，是经销商，我并不想干扰他们当前的业务联系，但如果有机会的话，我们将非常愿意为他们提供服务，等等。

令我吃惊的是，生意很快上门，我们简直有点应付不过来了。公司成立的第一年，我们的销售额便达到了50万美元。

然后，事实上之后的很多年，我们不断地需要资金来运营和拓展业务。尽管取得了一些成功，但每天晚上睡觉之前，我都要理智地对自己说：

“现在只是小小的成功，不久你就会失败，不久你就会跌倒。只是开了个好头，你就以为自己是多么了不起的商人了吗？当心，不要昏了头——慢慢来。”这些内心的思想斗争对我产生了深刻的影响。我担心自己不能守住事业上的成功，因此不断告诉自己，不要得意忘形。

我向父亲借了许多钱。这种金钱关系对我产生很大的压力，在当时，并不像现在回过头看时这样轻松幽默。有时候，他会来找我，跟我说如果生意上需要钱，他可以借一些给我。我一直需要资金，所以即便是要付10%的利息，我仍然对父亲的慷慨感激不尽。不过，在我最需要钱的时候，他总会跟我说：

“儿子，我现在需要用那些钱。”

“当然没问题，我马上还给你，”我会说。但我知道他只是在考验我。我把钱还给他之后，他暂时把钱收起来，之后再借给我。我承认这点小小的压力对我有好处，但实际上，我非常不喜欢他通过这种方式考验我的经济能力，看我是否能承受住此类打击，不过我从来没有把这一想法告诉他。

10% 的利率

向父亲借钱的这段经历让我想起了早年，人们经常讨论借款利率应为多少的问题。很多人都反对10%的利率，他们认为只有丧尽天良的人才会收这么高的利率，这简直是一种无耻的行径。但我通常认为，如果能够得到更高的收益，这么高的利率也物有所值——如果借款不能获得更高收益，人们是不会支付10%、5%或者8%的利率的。当时，我一直是借钱方，只要必须借钱，我从来不会质疑利率的高低。

我曾多次与别人讨论这个问题，其中与亲爱的房东太太的讨论最为热烈持久，给我留下了深刻印象。我和威廉离家上学时，寄宿在她家。我非常喜欢和她谈话，她是个能干的女人，非常健谈。每周只收1块钱的食宿费，却无微不至地照顾着我们，我自然成为了她的朋友。当时，在小镇里，食宿费基本上都是这个价钱，所有食物基本都自给自足。

这位可敬的女士强烈反对放高利贷者。我们经常热烈地探讨这个话题。她知道我经常向父亲借钱，也知道我父亲收取10%的利率。但所有的讨论都不会改变利率，利率只有在现金供给富足时才会下降。

我发现，既定的经济理论很难一下子改变公众对于商业问题的既有观点，只能潜移默化地逐渐产生影响——匆忙制定的法律法规并不能改善公众的认知。

人们几乎很难想象，当时为企业筹集资金是一件多么困难的事儿。在西部一些边远的乡村，利率甚至更高，这些贷款通常适用于可能会有经营风险的个人贷款。对于年轻的商人来说，现在的商业环境已经与过去大不相同了。

反应迅速的借款人

说起向银行借钱，我想起了最费劲的一次贷款经历。当时，我们要购买一家大型的公司，不得不筹措几十万美元，必须是现金，不能用证券代替。中午时分，我得知了这个消息，然后要乘三点的火车前往交易。我从一家银行奔向另一家银行，和每个行长或出纳员沟通，先见到谁就和谁谈，希望他们尽可能在三点前为我准备好能筹集到的所有现金，我稍后就来取。我拜访了这个城市所有的银行，又兜一圈到各家银行取钱。就这样，我筹集到了所需资金，赶上了三点的火车，完成了这次交易。在早年的那些日子里，我是一个永不停息的旅行者，每天忙着视察工厂，开发新客户，拜访老朋友，制订拓展业务的计划——所有这些工作都需要高效地完成。

募集教会资金

十七八岁时，我当选为教堂的理事。这是一个教会的分会，我经常听到母教会的教友对我们的教会评头论足，好像我们办得没有母教会好。这让我们下定决心努力工作，让他们看看我们能凭自己的力量把分会办好。

我们的第一个教堂不是很大，却有2000美元的抵押借款，多年来，这件事对分会产生了不利的影响。

债权人一直要求教会还款，但看上去连利息都收不回来。终于，债主威胁说要把教堂卖掉。碰巧，这位债主是教会的理事，尽管如此，这位债主仍然决意要回他的钱，或许他真的急需这笔钱。不管怎样，他提出如有必要，就要卖掉教堂，拿回他的钱。这件事情该如何处理呢？一个周日上午，牧师在讲坛上宣布，我们要向教友们筹集起这2000美元，否则我们将失去教堂。于是，我便站在教堂门口，向前来做礼拜的教友募集资金。

每个人经过时，我便上前拦住，劝说他捐点钱，帮助教堂还清债务，渡过难关。我情真意切，极力劝说，差一点就要威胁人家了。有人答应捐款后，我就把名字和捐赠金额记在我的小本子上，接着再向下一个潜在的捐赠者募捐。

这次募集资金的活动始于做礼拜的那个早上，一直持续了几个月。捐赠金额一般较小，有的只捐几美分，慷慨一点的人承诺每个星期捐25美分或50美分。通过几美分的捐赠，筹集到2000美元的善款，确实是一项重大的工程。这个计划十分吸引我，因此我全力以赴地工作着。正是我全身心投入的这件事情及其他类似的事业第一次燃起了我赚钱的欲望。

尽管困难重重，我们最终还是筹集到了2000美元，还清了债务。那是令我们自豪的一天。我希望看到我们超出预期的表现，母教会的人会为以前的表现感到羞愧。但现在回想起来，我并不记得他们对我们表现出来的快乐有多吃惊。

那时筹募资金的经历非常有趣，对这项任务，我感到非常自豪，并不觉得有什么可耻，而且继续做着类似的事情。不过后来，我身上的担子越来越重，要处理的事务越来越多，我不得不把这些具体的工作交给别人来做。

第三章

对企业经营管理的认识

工业托拉斯的运营

一个人员众多的组织中，如果没有一两个行事独特、饱受批评的人，那会是一件非常奇怪的事情。即便在相对小一点的组织中，也难免有对个人发展和公司进步过度热心的人，仅从这少数人的行为来判断一个大组织机构所有成员的性格特点或者是整个组织的文化，显然会有失公允。

有人说我强迫石油界的人和我联合，成为我的合伙人。我还不至于如此目光短浅。如果果真如他们所说，我使用这种伎俩，这些人还会成为我终生的合作伙伴吗？他们还会甘愿接受在这个大托拉斯中[1]的职位，并长年留守在公司吗？最后，如果他们如此软弱可欺，我们这些年来怎么可能形成这样一个强大而和谐的团队？彼此间怎么可能公平处事，怎么形成高效、团结的氛围？

[1] 托拉斯，英文 trust 的音译，是由许多生产同类商品的企业或产品有密切关系的企业合并组成。旨在垄断销售市场、争夺原料产地和投资范围，加强竞争力量，以获取高额垄断利润。参加的企业在生产上、商业上和法律上都丧失独立性。托拉斯的董事会统一经营全部的生产、销售和财务活动，领导权掌握在最大的资本家手中，原企业主成为股东，按其股份取得红利。洛克菲勒领导的标准石油公司就是当时的托拉斯组织。

这个强大的团队不仅得以延续，而且越来越高效。十四年来，我不再参与公司的经营，在最近大约八年或者十年的时间中，我只去了一次公司的办公室。

1907年夏天，我再次来到了标准石油公司办公楼顶层的房间，这是多年来公司的高级职员和部门经理共进午餐的地方。我惊奇地发现，我上次来时还是小职员的人，很多已经升职，成为公司的中坚力量。之后，我与许多老朋友、新同事进行了交谈，发现那种合作与融洽的氛围依旧没有改变，这让我备受鼓舞。一百多人亲密无间地坐在长桌子旁共进午餐是我提倡的另一项措施，乍一想也许微不足道。如果这些人是被迫建立了这种联系，他们还会在日后不断地寻求彼此间的友谊吗？那种情况下，人们不可能长期保持友好关系。

多年来，标准石油公司稳步发展。我确信，随着企业的效率提高，成本降低，石油产品的价格大大降低，人们会享受到愈来愈好的服务。标准石油公司的服务逐渐扩展，最先覆盖了大的中心城市，之后延伸至城镇，现在进入了各个角落，遍及每家每户，将石油送到了每个用户手中，为他们带来了便利。紧接着，标准石油的服务延伸到世界各地。例如，公司拥有三千辆油罐车，将美国石油输送到欧洲的城镇乡村。同样，标准石油公司也用类似的方法向日本、中国、印度以及其他一些主要国家运送石油。你是不是也觉得正是通过了我们的辛勤劳作，石油贸易才得到了如此巨大的发展？

直接向消费者销售产品的策略以及公司的飞速发展引起了某种对立情绪，我觉得这种情况不可避免。不过，据我回忆，直销产品的做法后来被其他许多行业效仿，并没有遭到强烈的反对。

这种现象很有趣，也很重要。我经常思考，是不是因为我们即便不是第一个，至少应该是最早大规模采用产品直销模式的公司之一，所以批评的矛头都对准了我们。在产品销售过程中，我们始终本着公平的原则，充分考虑每个人的权益。我们并不是无情地抢占竞争对手的市场，通过压低价格或利用间谍系统去打击对手，将其逼入绝境。我们只是设定了目标，以求最快速最广泛地扩大石油的消费量。下面我尽量给大家解释一下具体的情况。

为了充分利用我们建造的工业设施，我们尽全力开拓各个地方的市场——我们需要扩大消费量。为了达到这个目的，我们必须超越已有的销售方法，创新销售渠道；我们必须卖出比以前多一倍、两倍或三倍的石油，依靠传统的销售渠道根本不可能完成这个任务。我们从来没有故意干扰其他石油商人已有领地的业务，但如果通过努力，发现了新的商机或新的销售区域，我们也会不遗余力去争取。通过这种方式，我们开发了很多其他人也在经营的业务。随着公司的发展，我们不断需要新人加盟，特别是一些管理职能的职位。当然，聘用高层管理人员最好的方法就是从公司内部的年轻员工中选拔，但由于公司发展太快，内部供应远远不足，只能从外部招聘。一些新招聘的员工不熟悉企业文化，只是热衷于追求销售额，出现这种情况不足为奇。但他们的行为完全违背了公司的经营理念与价值观。当然，我确信，在公司众多的业务往来中，这种情况只是沧海一粟，但它们确实背离了前面提到的经过验证的商业原则。

多年来，标准石油公司每周能为这个国家创造一百多万美元的财富，全部来自于美国人民辛勤劳动生产的产品。我为这一记录感到自豪，我相信，当人们了解了更多的情况后，大部分美国人也会为此感到自豪。推进这一大的对外贸易的发展、拥有最经济的方式批量运输石油的船舶、派遣员工到世界市场征战，完成这些浩大的工作需要大量资金。除了今天的标准石油公司，任何其他的组织都不可能筹集或掌控如此庞大的资金。

要想了解早期情况的真实场景，必须了解当时的背景。当时，石油行业被看作最危险的行业，有点类似于今天受众人热议的带有投机性的采矿业。我有一位受人尊敬的老友托马斯·W.阿米特吉（Thomas W. Armitage），四十年来他一直在纽约的一个大教堂担任牧师。我清楚地记得，他曾告诫我，扩建工厂和扩张经营规模是一个愚蠢至极的决定。他确信我们正冒着前所未有的巨大风险，因为石油供应可能随时会枯竭，需求将会下降。他和许多人，有时候我甚至觉得是所有人，都预言我们的公司将一败涂地，以破产而告终。

我们没有人想到公司之后会不断发展，取得巨大的成功。每天，我们做好当天的工作，解决当天的问题，展望不远的将来，设定近期的目标，把握好机遇，打好坚实的基础。正如我一直说的，获取资金仍然是最难解决的问题，因为保守的投资者对这一冒险行业不太感兴趣。尽管资产丰厚的人偶尔也会在一定的程度上给我提供支持，但他们仍然不敢涉足这一行业。有时，他们也会购买一点儿我们的股票，做一些尝试，但我们清醒地认识到，他们总会拿出各种托辞，拒绝购买新股票。

这是一个新兴的行业，因此公司的成功时常受到一些股权人的怀疑，于是我们不得不经常清算存货，以维持运营，但我们对公司的基本价值充满信心，所以愿意承担风险。总有这样一些人，为了心中的信念孤注一掷。如果公司失败了，他们就有理由被称为不切实际的冒险家。

公司60000名职工年复一年地忙碌着。去年经济不景气，但标准石油公司仍然能够继续实施之前的计划，没有因为资金短缺或担心经济下滑而拖延新工厂和新楼房建设的工期。它给员工支付较高的薪酬，提供完善的医保和养老制度。标准石油从来没有发生过大规模的罢工。一个企业，无论境况如何，都必须为员工提供更好的薪酬，保障其福利，我想没有比这更好的企业管理方法了。

另外值得一提的是，我们这只所谓的“章鱼”[1]在资金方面没有任何“水分”（可能是因为我们觉得水是无法融入油中的）；在这些年里，标准石油公司也没有欠任何债务。公司尽管在大火中遭受了损失，但从来不在公众的债券和股票上做手脚，将损失转嫁给公众；我们从未通过包销银团出售股票或者采取任何形式的股票出售策略，而且只要需要，我们都会设法资助新油田的开发。

人们经常说标准石油公司挤垮了其他竞争者。只有无知的人才会做出这种判断。企业总是面临着成百上千的竞争者，过去、现在、将来都是如此。只有经营有方，降低成本，保持旺盛的活力，企业才能生存下来。简单说一下竞争吧。不但要想想那些在炼油业中竞争的人，还要看看在其他各个不同行业中制造和出售

[1] 当时许多专门揭人隐私的文人将托拉斯企业标准石油公司称为“章鱼”。

石油副产品的企业之间的竞争，可能更激烈的竞争当属国外市场的竞争了。标准石油公司一直在与俄国大油田生产的石油产品竞争，抢占欧洲市场，还要与占有印度市场的缅甸石油抗衡。在这些国家中，我们面临着重重困难，如故意抬高关税、地域歧视及奇怪的风俗习惯等等。在很多国家——比如中国——我们必须教会当地人点油灯；在世界上最偏远的地方，我们用骆驼运输石油，或者通过人工搬运；我们不断调整策略，以适应不同人群的各种需求。每次我们在国外市场取得成功，就意味着财富输入我们的国家；我们失败了，则意味着给我们的国家和人民带来了损失。

华盛顿的美国国务院是我们最大的支持者，为我们提供了很大的帮助。我们的大使、公使和领事协助我们开发海外市场，把产品推向世界的各个角落。

十四年前，我退出商界，这段时间里，标准石油发展迅速，实现了许多宏图伟业。因此，今天我可以如此坦诚而激动地谈论这一切。

标准石油公司向顶点超越的道路并不是一帆风顺的，她的成功也不属于哪一个人，而是属于一个齐心协力的卓越团队。如果公司的管理层放松要求，降低对产品质量的要求，或者不懂得善待客户，他们的事业怎么会持续这么长时间？任何企业都是如此。看到一些有关标准石油公司的报道，人们可能觉得在石油托拉斯中，管理人员什么都不用干，只需要聚在一起分红就可以了。其实不然。我很高兴有机会向这些辛勤工作的同事致敬，他们不仅为公司服务，而且为国家的对外贸易做出了卓越的贡献，因为公司超过一半的产品都销往国外。如果公司不是由他们管理，而是被不专业的人掌控，我会不惜一切卖掉自己的股份。企业要想取得成功，必须拥有最优秀、最忠诚的管理人员，最优秀的人才自然会到达高层的位置。下面我会谈一下标准石油的起源和早期规划。

公司也有正邪之分

毋庸置疑，企业集团至今仍受到公众的质疑。一般情况下，这种质疑情有可原，因为就像人有道德与邪恶之分一样，公司也有正邪之分；但不能因为其中一些劣迹斑斑，就谴责所有的公司，甚至怀疑所有的公司。但企业集团的形式和特征保留了下来——这说明它有存在的价值，并不是一无是处。甚至一些小公司也在向企业集团的方向发展，因为这是一种合适便捷的合作企业的形式。

实践证明，资金的联合是一种必然的趋势，会不断发展，只要企业集团及类似的公司经营得当，维护其他人应有的利益，就不会产生一点儿危险，完全不必惊恐不已。在重大事务上依靠个人的力量单枪匹马求生存的时代已经一去不复返了——你可能会主张我们应该抛弃先进高效的机器设备，回到手工劳作的时代——但经过研究和尝试后，头脑清醒的人会接受这一现实，我们不可能再退回到过去了。大企业集团的股东数量正在以前所未有的速度迅猛增长，只要看看这一点，你就知道形势的发展是不可逆转的。这意味着所有这些人正在成为企业集团的合伙人。这是一个好现象——企业集团的管理者会因此而产生更强烈的责任感，而这也促使拥有股份的人在谴责或攻击公司之前，公正地研究事实，从而得出客观的答案。

我时常就工业联合的问题表达自己的观点，我从来没有改变也不惮于重申我的立场，特别是现在——这个问题再次进入公众视线的时候。

工业联合的主要优势在于人员的合作和资金的集中。一个人做不了的事情两个人合作就可以完成。如果你能够接受这个观点，即小范围的合作或者类似的产业联合是必要的，那么实际上你就承认了这种联合是一种必然的趋势。对于小企业来说，两个合伙人足矣，但如果企业不断发展，便需要吸纳更多的加盟者和更丰富的资金来源，当企业发展到一定程度，合作关系无法完成经营目标时，企业集团便应运而生。在大部分国家里，比如英国，工业联合得到了充分发展，但在美国却不是如此。联邦政府的制度将每个州的企业隔离开来，商人们只能分开处理不同州的业务，一家企业不能在各个州开设分支机构，而只能在各个州分别开设新的公司。如果今天的美国人已经不再满足于留守国内市场，开始向海外扩展市场，在这些国家组建企业集团不仅大有益处，而且也极其必要，因为就像我们国家的人一样，欧洲人也对外国企业抱有偏见。于是同一个行业的不同企业便联合起来，成立股份制公司。

现在才讨论工业联合的优势已经太晚了，它们已经成为了一种必然。如果美国人想将自己的事业扩展到联邦各州，并且进军国际市场，就必须大规模地进行工业联合，建立起集团公司。

企业集团的危险在于产业联合所形成的力量可能会被滥用，企业集团成立的目的有可能只是投机股票，而不是业务经营。如果是为了这一目的，价格可能不会下降，反而会暂时抬高。可能大大小小的企业集团中都或多或少地存在着对权力的滥用，但不能因为这个原因就反对企业联合，就好像我们不能因为蒸汽机可能会爆炸就拒绝使用它。蒸汽动力必不可少，也可以制造得更加安全。企业联合也是必需的，可以想办法控制对其能量的滥用；否则就要怪我们的立法者无能，无法促成工业上最重要的变革。

1899年，在工业委员会的听证会上，我曾说过，建议制定工业联合方面的法律法规：首先，如果可能的话，建立起规范企业集团建立和管理的联邦法律。其次，各州的法律尽可能统一，鼓励人才和资金的联合，以推动工业发展，但允许政府监管；扶植工业发展，但要预防并阻止蒙蔽公众。今天，我仍然坚持1899年时的看法。

今天的机遇多于昨天

我绝不相信企业联合会对个人造成不利的影响。我们正在进入经济上的黄金时代，这一时代将给未来的年轻人提供无数宝贵的机会。我们经常听年轻一代抱怨他们的机会不如父辈和祖辈拥有的机会多。他们对我们这辈人所遭遇的困境知道得太少了！在我年轻时，我们拥有所有未开发资源，却不知如何去开发；我们必须披荆斩棘，探索前进的道路；我们没有前人的经验可以借鉴。资金是最棘手的问题，当时人们还不了解信贷。现在，我们拥有了整套完善的商业信用体系，但当时所有事情都充满了偶然性，我们还经历了惨重的战争以及随之而来的重重灾难。

和当时比起来，今天的环境要优越一千倍，机遇也增加了上千倍。我们国家土地上的资源正在开发，几乎没有未开发的疆域；我们的国内市场巨大，而且也正开始开拓国外市场，为其他文明程度落后于我们的人提供服务。在东方，四分之一的人种刚刚开始觉醒。当代的年轻人继承了父辈的遗产，相比之下，他们的父辈的生活显得贫困交加。尽管我是一个乐观主义者，但对于美国未来将取得怎样的成功，我持保留态度。

在所有这些优势条件下，要获得最大的收益，我们还需要做很多事情；其中最重要的是在全世界建立起美国的信誉。

我希望美国的大公司让外国资本感觉美国公司的股票值得拥有，从而吸收更多的资金，希望美国人能够恪守诚信的原则，友善地对待国外投资者，让他们不会后悔购买我们的证券。

坦率地说，我是多家美国企业的投资者，但不是管理者（只有一家企业例外，不过这家企业的分红并不多）。像所有的股东一样，我完全依赖于公司诚信和高效的管理。我坚定而真诚地相信，这些资金会得到很好的管理。

商人并非都“金钱至上”

很多持悲观论调的人都会说美国商人贪婪成性，听到这些话，你可能会认为我们是这个国家的守财奴。过分看重报纸上关于商人贪婪的报道是愚蠢的，因为报纸的功能就是报道不同寻常，甚至是耸人听闻的事情。一个人按部就班地生活，就不会成为报纸的噱头，只有发生了一些不同寻常的事情时，他才会被人们津津乐道。尽管商人偶尔会成为公众的焦点，但你决不能说这些偶发事件代表了他正常的生活。这些思想活跃的人工作的目的并不只是为了赚钱——这一行业有着极大的吸引力，他们完全沉迷其中。他们的工作热情不只是源于积累财富，我曾说过，商业标准不断提高，业务水平也需要不断完善，这才是他们工作的内在动力。

有人认为，在我国，所有的判断都建立在金钱之上，金钱至上。我不同意这个观点。如果真是这样，我们应该是一个守财奴的民族。我也不会承认我们是一群心胸狭隘的人，只会妒忌别人的成功。事实恰好相反：我们是最雄心勃勃的人，一个人的成功会成为其他人前进的动力。将我们说得如此狭隘完全是一种毁谤。

在报纸上看到太多关于金钱至上的文章，我想我们需要一些像我的爱尔兰邻居那样的幽默感。他建了一栋房子，从窗户望去，颜色十分刺眼，我们觉得这个房子难看极了。我在建筑上的品位和这位爱尔兰朋友截然不同，于是我们决定往我们的房子后面移植一些大树，遮挡一下视线。另一位邻居看到这个情景，问爱尔兰邻居福利先生（Mr. Foley）为什么洛克菲勒先生要移植这些大树挡在房子中间。福利马上用爱尔兰式的幽默回答他："因为他妒忌我，他无法忍受整天看着我漂亮的房子。"

我事业刚起步的那段日子里，人们做事情的方式可能与现在没有什么不同。为了促进事业共同发展，人们需要做出许多努力，几乎所有人都认为自己的情况与众不同。对于所有已经做出或者即将做出的愚蠢的决定，所做出的所有不专业的商业计划，他都会辩称这是他事业发展必不可少的一部分。他不得不以低出成本价的价格出售商品，扰乱行业中其他人的商业计划，因为他是如此的“与众不同”。即便等到世界末日，他们所希冀的“完美的时机造就完美的机会”永远不会到来，要让他们相信这一点，通常会以徒劳无功而告终。

还有另一种人，他们从来不清楚自己的状况。很多聪明绝顶的人财务状况混乱，并不真正知道生意的盈亏，因此很难应付这种不明智的竞争。在生意不景气时，人们总是不愿意面对现实，研究自己的财务状况。从一开始，标准石油公司的管理者便清楚而准确地记录每项收支。我们知道自己赚了多少钱，并且哪里赚了，哪里赔了。至少，我们不会自欺欺人。

毫无疑问，我的商业理念是保守的，但商业的基本原则会一代代传承下去。有时，我会觉得我们这些思维敏捷的美国人，即便精力充沛，却未必能够参透商业管理真正的基础和精髓。我一直强调坦诚面对自己的实际情况的必要性：很多人以为不去想这些现实情况，就可以逃避过去，但是自然法则是无法逃避的，越早地意识到现实情况，就会处理得越好。

人们经常会讨论薪酬以及为什么必须保证高薪酬的问题，比如铁路工人的高薪酬问题。劳动者获得多少报酬才合适，从长远看，劳动者应该得到与他所付出的劳动同等的报酬，不能多，也不能少。如果他没有做这么多工作，你给了他这么多报酬，他可能是在接受救济，而这破坏了事物的平衡，这样你就破坏了事物的平衡。你不能逃避现实，也不能改变商业的内在规则，否则必然会走向失败。这些道理听上去简单明了，但令人不解的是，这么多人忽视了本来显而易见的事物。这些都是我们无法摆脱的现实——要想保证企业长期发展，商人必须不断地调整自己，以适应自然状况。有时候我会觉得我们美国人认为能够找到一条通往成功的捷径，有时候也确实可以达成愿望；但工作中真正的效率来自于了解自己的现实情况，脚踏实地地打好基础。

很多富有的人退休时也不会选择退出商界。他们不愿意无所事事，或者他们对自己的工作充满了自豪，想要完善他们坚信会成功的方案，或者期待取得更多的成功。他们为了员工和合伙人的利益，继续发展自己的事业，这些人是我们国家伟大的建造者。试想一下，如果所有事业兴旺的美国商人取得成功后便退出商界，赋闲在家，那么会留下多少未完成的事业。如果一个人取得成功，他便要承担相应的责任，我们社会公益性机构也需要美国商人的智慧以及他们的资金赞助。我对他们的付出充满了敬意。

不过，他们中也有一些人只是全心投入到生意中去，几乎没有时间考虑其他的事情。如果做了一些与生意无关的感兴趣的事情，他们便会充满愧疚，好像那是一种耻辱。

“我不是乞丐。”我曾听他们中很多人这样说。我只能回答：“你这样觉得，我感到很遗憾。”

我一生都是这样的“乞丐”，而这种经历对我而言不但有趣，而且弥足珍贵，后面的章节中，我将斗胆详细讲述。

第四章

石油行业的经历

从农产品贸易到涉足石油业

当我打算进入石油业时，克拉克－洛克菲勒的农产品贸易红红火火，一派繁荣的景象。十九世纪六十年代初期，我们组建了一个公司，炼制和出售石油，开始步入石油业。该公司由梅塞尔·詹姆斯（Messrs James）、理查德·克拉克（Richard Clark）、塞缪尔·安德鲁斯（Samuel Andrews），以及克拉克－洛克菲勒公司组建。这是我与石油贸易的第一次亲密接触。随着业务的发展，公司急需克拉克－洛克菲勒公司提供一笔巨大的专用资金。塞缪尔·安德鲁斯先生在公司中负责石油生产，他已经学会了用硫酸净化原油的工艺。

1865年，合作关系结束，我们决定清收现金资产，还清债务，但工厂以及公司的品牌这一无形资产还有待处理。有人建议采用竞标的形式来决定所有者，谁出价高就归谁。在我看来，这是一种公平的解决方法，问题是什么时候竞标以及由谁来主持竞标。当时，我的合伙人找了一个律师协助处理此项事宜，而我从未考虑过聘请法律代表；我觉得自己能够处理这样一个简单的交易。于是，我们当即决定进行拍卖，由律师担当拍卖人。大家一致同意，拍卖开始了。

洛克菲勒与安德鲁斯在克利夫兰市

当时，我已经下定决心进入石油行业，不满足于充当一个特殊合伙人，而是想大规模地进行投资。安德鲁斯先生和我一样，也想购买这个公司。我觉得石油炼制业前景无限，但没有想到当时会有这么多人也涌入石油业。不过，我信心十足，准备了足够的资金，足以买下整个工厂及其无形资产。我还打算放弃克拉克－洛克菲勒公司的其他业务，准备之后将资产处置掉——后来，我的老搭档克拉克先生接管了其他业务。

我记得当时的起拍价是500美元。我喊价1000美元；他们出2000美元；就这样，价格逐渐上涨，谁都不愿意放弃，价格逐渐上升至5万美元，这个价格已经远远超出了我们估计的公司本身的价值。最后，价格又涨到了6万美元，然后小额缓慢增长至7万美元！我担心起自己能否支付起这个价钱了。最终，对方出价72000美元。“72500！”我毫不犹豫地喊道。接着，克拉克先生对我说：

“约翰，我不会再叫价了，这个公司是你的了。”

“我现在就付给你支票吗？”我问道。

“不用，”克拉克先生说，“我相信你，方便时给我就行。”

于是，洛克菲勒－安德鲁斯公司成立了，我正式开始涉足石油行业。自此至56岁退休的四十年里，我一直致力于这一行业。

大家对石油行业早期的历史已经十分了解，在此我就不赘述了。原油净化工艺简单、易操作，开始时利润非常高，自然各行各业的人都趋之若鹜，肉商、面包师、烛台制造商等纷纷开始炼油。不久，投入市场的成品油便供过于求。于是，油价不断下跌，这一行业面临着崩溃的危险。看来急需扩展海外市场来挽救颓势，而这是一个漫长而艰苦的发展过程；另外，需要不断改进炼制工艺，在降低售价的同时获得可观收益。还要充分利用所有原料的副产品，不能像一些工艺水平较低的炼油厂，把这些材料都扔掉。

我们的事业一开始便遇到了这些问题。当时正值经济大萧条，我们努力与邻居和朋友磋商，推销石油产品，以求把逐渐混乱的局势纳入到正常的轨道中。我们要拓展市场，提高生产工艺，而任何一家公司都无法独自完成这些任务，最后，经过分析，我们明白，只能靠增加资金投入，吸收优秀的人才以及先进的经验，形成规模效应，才能解决上述问题。

在这种思想指导下，我们开始购买最大型、最好的炼油厂，对其实行集中管理，以保证公司更加经济高效地运营。公司发展迅速，远超出了我们的预期。

这家公司的管理层实践经验丰富，能力卓越，通力合作。不久，公司在生产工艺、运输条件、金融状况、市场拓展等方面都打下了坚实的基础。我们也曾遭遇困难与挫折；我们曾在火灾中损失惨重；原油的供应也一直不稳定。随着环境的改变，我们不断调整着自己的计划。我们在石油中心建立了大型设施，矗立起储油罐，连接了石油运输管道；之后石油枯竭，我们的工作都白费了。石油业最多是一个投机的行业，但令我惊奇的是，我们总是能够险渡难关；之后，我们逐渐学会了如何经营这一最为艰难的行业。

开拓海外市场

几年前，有人曾问过，我们的公司是如何发展到这么大规模的，我解释说，我们公司最初是俄亥俄州的一个合伙企业，之后发展成集团公司。对于一家本地炼油公司来说，已经发展得算不错了。但是，如果仅仅依靠当地市场的话，我们早就破产了。我们必须把市场拓展至世界各地。沿海城市在发展海外市场方面拥有得天独厚的优势，我们很快便发现，在这些地方建造工厂，能够把石油更加便利和经济地运输到海外；于是我们在布鲁克林、巴约纳、费城、巴尔的摩建立了炼油厂，并在各州成立了公司。

不久，我们又发现，随着业务发展，原来所采用的用油桶运输的方法已经无法满足当前的需求了。包装的成本经常比石油的价格还高，并且久而久之，我们国家的森林也无法再提供那么多价格低廉的原材料。于是我们转而寻求其他的运输方式，采用了输油管道系统，并筹集到建设管道所需的资金。

建设输油管道必须得到当地政府的授权，就像途经各个州的铁路必须遵守各个州的法律一样。管道系统的完善需要几百万美元的资金。整个石油行业都依赖于这些输油管道。如果没有这些管道，到达消费者手中的成本将会增加，所有油井的价值都将大打折扣，每一个国内外市场都将难以维持。没有这种运输方式，整个石油行业的发展将会受阻。

输油管道系统还需要其他方面的改进，例如，铁路系统上使用的油槽车，以及后来的用蒸汽引擎推进的油轮。所有这些都需要资金，公司建立之后便需要使用这些设施。

企业要想稳步发展，就必须采取这些措施。只有通过设施的不断改善、资本的不断积累，今天的美国才得以享用从她的土地里源源不断倾吐而出的财富，并且为世界带来光明。

标准石油公司的创建

1867年，威廉·洛克菲勒公司、洛克菲勒–安德鲁斯公司、洛克菲勒公司、S.V.哈克内斯和亨利·莫里森·弗莱格勒共同组建了洛克菲勒–安德鲁斯–弗莱格勒公司。

成立这家公司的目的是希望通过联合我们的技术和资金，采用更加经济高效的经营方式，实现大规模经营，取代之前分散的小规模经营。随着时间的推移，合作的潜力越来越明显，我们发现有必要进一步加大投资；于是又说服其他人，创建了标准石油公司，拥有100万美元的资金。后来我们找到更多可以利用的资金，寻找到感兴趣的投资者，到1872年，公司的资本增至250万美元，之后，到1874年，增加到350万美元。随着公司的发展，我们开拓了许多国内外市场，吸引了更多的人才和资金，也创建了更多新公司，但我们的目标始终如一，那就是通过提供最优质、最便宜的产品，推动企业发展壮大。

老洛克菲勒创建的标准石油公司的标志

我觉得标准石油公司的成功应归功于我们始终如一的经营策略，即通过提供质优价廉的产品扩大客户群。我们不惜花费巨资采用最先进、最高效的制造工艺；我们广纳贤士，提供最丰厚的薪酬，吸引管理人员及工匠；我们果断地弃用旧机器和旧工厂，建立新工厂，武装新设施；我们悉心考虑工厂的选址，争取最低的成本；我们不仅开发主要产品的市场，而且也寻找所有可利用的副产品市场，竭尽全力地将它们推向世界各地；我们不惜花费数百万美元，建造输油管道、油槽车、油罐汽船和托罐车，降低石油采集和配送的成本；我们在全国各地的中心铁路线旁建设补给站，节约石油储存和运输的费用；我们对美国石油充满信心，汇集大量的资金，壮大美国石油业，抑制了来自俄国及其他所有石油产出国的竞争。

节约成本并赢得优势

下面有一个例子，讲的是我们节约成本、获取收益并赢得优势的一种方法。

借鉴以往的经验教训，我们知道火灾是石油炼制和储存的大敌，通过将工厂分散到全国各地，我们所承受的风险和可能会造成的损失便降到了最低点。没有火灾可以将我们毁灭，因为我们能够建立起一套风险防御体系，用于安全保障的准备金不会一瞬间便用完，那些将工厂建造在同一个地方或附近区域的企业则有可能出现这种情况。我们研究并完善预防火灾的管理制度，年复一年地改善设备，完善计划，最终，这一安全保障方案所带来的收益成为了标准石油利润的重要组成部分。

这种用于安全保障的准备金，及将火灾带来的损失最小化的措施，直接影响到公司的收益，不仅是炼油公司的收益，还包括许多其他相关企业的收益，包括副产品的生产商，油罐、油罐汽船、油泵的生产商等等。

我们全心全意致力于石油及石油产品的经营。公司从未涉足营业外经营，而是坚持采取多种措施，不断完善现有的组织。我们培养自己的人才；许多人都是从少年时代便开始接受我们的训练；我们尽力为他们提供更多机会，提高他们的个人能力，培养他们对企业的忠诚度；我们给予他们购买公司股票的机会，公司也会帮助他们融资购买。我们的年轻人不仅在美国，而且在世界各地，都拥有自我提升的机会；我们也欢迎从前的合作伙伴的子孙进入董事会，承担起管理责任。我敢说无论在过去还是现在，标准石油都是一群忙碌人的快乐联合体。

曾经有人问我，现在的管理层是否会经常咨询我的意见。我想说，如果他们需要的话，我十分乐意提供我的建议。但现实情况是，退休以来，几乎没有人向我征求意见。我仍然是大股东，实际上，我退出管理层后，我的股份不减反增。

为何能支付可观的分红

让我解释一下这个问题，有些人对此感兴趣，但我确信有些人对此并不关注。

标准石油公司每年有四次分红：第一次在三月，一年中最繁忙的季节结束之后，因为比起其他季节，冬天石油的消费量最多，其他三次分红的周期相同。目前公司的股本是1亿美元，红利达到了40%，但这并不意味着公司的收益是投资资金的40%。事实上，这是公司运营35年或40年来所有储蓄和盈余累加的结果。公司的股本已经增加了几倍，没有一分过剩资本或“水分”；这都是实际价值。如果把股本的增长算上，平均的红利大约在6%至8%。

遵从商业的自然法则

现在，让我们来了解一下这些年来公司的资产自然而绝对正常的增幅有多少。当年输油管道建造的时候，生产成本大约为现在的50%。广袤的油田买入时土地仍是一片处女地，有待开发，后来我们在这些土地上获得了丰厚的产出。当时，公司购买了大量低品质原油，很多人认为没有什么价值，但公司希望最终能够将其充分利用，事实证明，这是明智的选择，因为随着炼油工艺的发明以及回收之前认为无用的残渣技术的发明，这些低品质原油的价值得到了大幅度提升。公司低价买入的码头经过开发和发展，价值大为提升。在重要的商业中心附近，我们获得了大片未开垦的土地。我们把工厂迁至这些地方，充分利用当地的土地资源，不仅增加了自己的财产价值，而且也使附近的地价比原本增长了很多倍。无论在美国还是在其他国家，我们在建造工厂的地方总会买下大片土地。我记得，有一次，我们以每英亩仅约1000美元的价格买下一些荒地用来建厂，经过不断开发，那些土地的价值在35年至40年间翻了四五十倍。

其他人的财产也和我们一样，得到了升值，但他们相应地扩大了股本，从而避开了针对我们的那类指责，而我们只是本着老式保守的观念，没有进行此类资本扩张。

所有这些都不是什么奇怪或神秘的事情；所有这些都遵从商业发展的自然法则。阿斯特家族和其他许多房地产巨头也是这样经营的。

假设一个人以1000美元的资本起家，把大部分的收入积蓄起来而不是花掉它，从而逐渐增加其资产和投资，投资额增加到了10000美元，如果按照他起家的1000美元来计算它现在收益的百分比，显然是愚蠢的。在这里，我想再次表明，标准石油公司的管理者不应该遭到指责，而应该受到表扬。在这个充满风险或者说在很大程度上不可避免充满投机性的行业里，他们始终采取最为保守的经营路线，为企业的发展奠定了扎实的基础。标准石油每年的分红从来没有令股东失望，并且，全国持有标准石油公司股票的人越来越多。

资金的管理

我已经说过，我们从未尝试通过证券交易市场出售标准石油公司的股票。早期，石油行业的风险很大，假如股票在证券交易所上市的话，毫无疑问，其价格会出现剧烈的波动。我们更愿意让公司的所有者和管理者全心全意地关注公司的合法发展，而不是在股票上进行投机。我们妥善地管理公司的收益。有人批评我们只将公司拥有的实际资产的一小部分进行分红欺骗投资者。如果我们将资本的价值增加到其实际价值，将股票在证券交易市场上市，又可能被批评为采用促销策略诱惑大众进行投资。我说过，公司的基础扎实，经营保守，经过早期筹集充足资金的艰辛，再加上在商海中多年的历练，我们决定采取自力更生的经营策略。从此之后，我们从未过分依赖金融界的帮助，而是依靠自己，寻求解决方法，不仅能够保护自己的最大利益，而且随时准备在危难时刻向其他人伸出援手。我相信，标准石油公司备受指责，只是因为这些人并不了解事情的全部真相。很久之前，我便退出公司的管理层，但我还是想说，那些在与外国制造商的激烈竞争中，致力于将美国石油推向全世界的人，理应受到赞赏和鼓励。

关于标准石油公司的所谓投机活动的谣言不绝于耳，对于这个话题，我想说一下。标准石油公司只对石油产品以及与之相关的合法的生产事宜感兴趣，它拥有生产油桶和油罐的工厂；开发了抽取石油的油泵；它拥有运输石油的船舶、油罐车、输油管道等等——但这些都与投机无关。石油行业本身已经具备足够的投机性了，只有加强管理，保持清醒的头脑，才能够对这一投机行业进行成功的管理。

公司给股东的分红来自于石油贸易的收益。股东们可以随心所欲地选择他们认为合适的花钱方式，公司对股东的分红决不具备任何支配权。标准石油公司并没有拥有或控制“一系列银行”，也没有与任何银行存在直接或间接的利益关系。她与银行的关系只局限在正常的业务往来，与其他的储户没有什么区别。她购买及出售自己的股票，多年以来，这些交易使得她的汇票为全世界所接受。

公司发展的非物质因素

谈起标准石油公司成立的初衷，大家还应该记得，并不只是拥有个人利益的公司的合并，而是致力于此行业的拥有卓越能力的人才汇集，这是我们真正的出发点。或许有必要再次强调这个事实，即组成一个公司的并不仅仅是资本、“工厂”和严格意义上的物质财产，而且还包括这些物质之后的人的品质、人格和能力，这些都是公司发展的基本因素。

1871年后期，我们开始购买克利夫兰一些比较重要的炼油厂。当时情况混乱，充满了不确定因素，很多炼油厂厂主都迫不及待想从这一行业中解脱出来。我们为这些想要出手的卖家提供了两种选择，或者收取现金，或者是换取标准石油公司的股票。我们非常希望他们能换取公司股票，因为当时1美元对我们来说也很重要，但出于商业原则考虑，我们决定最好还是给卖家提供选择机会，大部分人都毫不犹豫地选择了收取现金。他们知道1美元能够买到什么，但对于石油市场复兴的潜力及股票是否带来长久的价值，他们深表怀疑。

多年来，我们一直在收购炼油厂，在这段时间内，标准石油公司购买了克利夫兰很多重要的炼油厂。不过，有一些小规模的工厂尽管和其他大工厂一样有出手的机会，但仍然坚持继续经营，不愿被收购。在一些地理位置比克利夫兰更优越的炼油地，也有一些炼油厂经营得非常成功。

收购巴克斯背后的恩怨

所有这些炼油厂的收购都建立在非常公平和诚信的基础之

上，然而一些交易故事的众多版本却给人留下了卖家受到超级巨头最无情压榨的印象。比如收购巴克斯石油公司资产的故事就被添油加醋，众口相传。故事中，我成为了一个无情的掠夺者，从一位无依无靠的寡妇手上抢走了最珍贵的财产，只支付给她应有价值的一小部分作补偿。这个故事极具感染力，能够引起众人的同情，如若属实，这将是一个残酷压榨毫无反抗能力的妇女的令人震惊的事件。这个故事广为流传，许多不明真相的人深信不疑，因此对标准石油公司及我本人犯下的罪行深恶痛绝。

尽管我不愿意讲，而且多年来也一直避免触及这个话题，但今天还是要为大家详细讲述整件事情的经过。

标准石油大厦

在克利夫兰，F.M.巴克斯（F.M. Backus）先生备受尊敬，是我的一位老朋友。1874年去世前的几年里，他一直从事润滑油的生意。他去世后，他的家人成立了巴克斯石油公司，继续经营公司业务。1878年下半年，标准石油公司购买了这家公司的一部分资产。谈判持续了几个星期，参与谈判的是该公司主要股东巴克斯夫人的代表查尔斯·H.马尔（Charles H.Marr）先生和我公司的代表彼得·S.詹宁斯（Peter S. Jennings）。我并没有参与谈判事宜，只是这件事情刚刚开始筹划时，巴克斯夫人约我到她府上，我去了，她谈到了要向我们公司出售部分资产，要求我本人参与和她的谈判。我婉拒了她的要求，并向她解释我对谈判的细节并不熟悉。在这次交谈中，我建议她不要匆忙采取行动。她对石油业的未来表示出担忧，比如她说无法弄到运输足够石油的油车。我告诉她，虽然我们也需要油车，但她需要多少我们可以借给她多少，在其他事情上我们也会不遗余力地帮助她，我相信她以后也能像以前那样成功地继续她的生意。不过，我告诉她，如果经过深思熟虑后她还是想出售产权，我们将会派一些熟悉润滑油行业的人与她共同协商。她表示仍然希望将产权出售给我们公司，于是詹宁斯先生代表我公司与其进行谈判。我们的专家对我们决定购买的巴克斯的工厂、无形资产和继承权的价值进行估算之后，我要求他们在总价上加上10000美元，以确保巴克斯夫人得到全额的利润。这是我做的另一件事情。交易圆满结束，和我们预期的一样，付给巴克斯夫人协商好的价格后，她对整个交易表示满意。

然而，令我吃惊的是，交易结束一两天后，我收到她一份非常不友善的信，抱怨她受到了不公平的待遇。在调查了事情的来龙去脉后，我写了一封回信，内容如下：

尊敬的女士：

昨天，收到了你11日的来信，直到今天，我一直在回想与收购巴克斯石油公司股份谈判相关的每一个谈判细节，以确定我是否做过任何冒犯及伤害您的事情。在那次会面时，我确实建议过如果您愿意，可以保留一些巴克斯石油公司的股份，保证您获得该公司的利润，我记得您说过，一旦把公司出售，您希望完全脱离这个行业。于是，在您决定出售并不保留其他任何股份后，我们做了相应安排。因此，当您提出购买一些股份时，我们只能根据之前的事实给您回复，而不是您信中所提到的断然拒绝。您在11日的来信中提到我将巴克斯石油公司的业务从您手中抢走，我得说，这样说有失公允。是否收购巴克斯石油公司并不是基于我自身的利益，而完全是为您的利益着想。我可以坦坦荡荡地说这些话。请您想一想，两年前，您向我和弗莱格勒先生咨询过，是否要将股份出售给罗斯先生，当时您急于将股份出售，价格要比现在获得的现金低得多。如果您获得了延期付款的令人满意的抵押品的话，您可能已经达成了那次交易。现在我们所支付的购买巴克斯产权的价格，是建造相等甚至更好设备的新公司的三倍成本；我慷慨地提出6万美元的买价，尽管我公司的一些人认为这个价格实在过高，但我仍然坚持出这个价钱。我相信，如果重新审视您的来信，您会觉得对我做这样的论断实在是不公平。我也希望您能够充分地认清此次交易的是非曲直。然而，考虑到您此刻的感受，现在我向您提出如下建议，您可以收回巴克斯的产权，只要归还我们已经投入的资金就行，就当我们从来没有进行过此次交易。

如果您不愿意接受这一提议，我将向您提供100、200或

300份股票，您只要支付与我们购买时相同的价格即可。鉴于我们已开始在巴克斯石油公司投入资金，使公司的总资产增加了10万美元，每份股票的价值已升至100美元。

您不必匆忙答复。我将为您三天时间考虑是接受还是拒绝我的提议。同时，请相信我。

忠诚的朋友

约翰·洛克菲勒

1878年11月13日

巴克斯夫人没有接受我提出的任何一项提议。为了表明以上的叙述并不是我的一面之词，我将附上以下文件：第一份是巴克斯公司的H.M.巴克斯先生的来信。他一直参与公司的经营。H.M.巴克斯先生完全出于个人的意愿给我写了这封信，我征得了他的同意，将这封信公布出来。接着是代表巴克斯夫人参与谈判的绅士们的一些摘录和书面陈词。我并不是想公开宣扬巴克斯先生信中对我的溢美之辞，但为了保证原文的真实性，避免由此引起误会，我将信件完整地公布出来。

博林格林市，俄亥俄州，1903年9月18日

约翰·D.洛克菲勒先生

克利夫兰，俄亥俄州

尊敬的约翰·D.洛克菲勒先生：

我不知道您是否能够收到这封信，您的秘书是否会随手将它丢进垃圾桶，然而我还是要给您写这封信，以完成我的心

愿，如果您无法收到或者无法读到它，那也不是我的过错了。自从我已故兄弟的遗孀F.N.巴克斯夫人给您写了那封关于出售老巴克斯石油公司产权的不公正的、无理的信，我便想写信给您，表明我对那封信件的态度。我在巴克斯石油公司拥有一小部分股份。我和我的兄弟一家人住在一起。那天，您应巴克斯夫人之邀到家里讨论公司出售事宜时，我也正好在家。她告诉詹宁斯先生希望可以直接与您谈判。从一开始，我就同意这次出售。

我和巴克斯夫人一起经历了她与罗斯先生及麦洛尼先生交易的纠纷，尽自己所能鼓励她，防止罗斯先生占她的便宜。在我看来，巴克斯夫人是一位杰出的金融家，但她并不知道，也没人能够使她相信，她在金融方面最大的成功便是将巴克斯石油公司出售给你们。她并不知道在之后的五年，越来越多的孤注一掷的竞争将使公司倒闭，背负着欧几里得大街上的巨债，她将深陷其中，无法翻身；而能够拯救她和石油公司的唯一转机便是洛克菲勒先生的方案。她认为您事实上从她那里抢夺了上百万的财富，让她的孩子食不果腹，渐渐地，这种想法发展成为一种病态的偏执，没有任何人能够用任何理由说服她。她在很多方面都聪慧理智，但在这件事情上，我觉着她始终太偏执。当然，如果我们还能够继续获利，我会反对出售这个公司，但这是不可能的。我知道，应您要求，在资产的购买价上又加了10000美元；我知道您付出了三倍于资产价值的价格；我也知道正是把资产出售给您，才使我们避免了一败涂地的命运，我这么说只是想让您得到公正的对待，也让我缓解内心的愧疚。将公司出售之后，我去了布法罗，天真地以为可以东山再起，但很快便遭遇失败，偃旗息鼓。然后我又去了得鲁思，站在风口浪尖，直到房地产的泡沫经济破灭，我也彻底破产。我经历了人生的大起大落，但我尝试着为自己疗伤，乐观面对现实，而不是坐在杜松树下，指责约翰·洛克菲勒让我遭受损失。

我想，如果不是一两天前，我与俄亥俄州管道公司（Buckeye Pipe Line Company）的主管哈纳芬先生聊起老巴克斯石油公司出售的事情，或许又得推迟许多年才会写这封信，这封信已经拖得太久了。那次交谈让我重新燃起了写信的念头，终于，下定决心，现在给您写了这封信，了却了我的一个心愿。

再次向您表达我对您的尊敬与钦佩之情，约翰·洛克菲勒先生。

您真诚的朋友

H.M.巴克斯

从谈判的书面陈述中，我们可以看到，代表巴克斯夫人及其公司参与谈判的是查尔斯·H.马尔和麦洛尼先生。前者是当时巴克斯公司的职员；后者自巴克斯公司组建时，就是其主管，也是该公司的股东。代表标准石油公司参与谈判的是彼得·S.詹宁斯先生。

在人们的印象中，标准石油公司以79000美元购得巴克斯石油公司的产权，而该公司的资产远超过此价格，在标准石油公司的威胁和强迫下，巴克斯公司不得不做出让步。詹宁斯先生请马尔先生提供一份书面方案，列出巴克斯公司即将出售的资产项目和价格。马尔先生据此提供了方案，此方案附在詹宁斯先生的书面陈述中。标准石油公司最终决定不购买巴克斯公司的所有资产，只购买其手上的石油，并按市场价支付大约1.9万美元，而对于“工厂、无形资产和继承权”，马尔先生出价7.1万美元，标准石油公司还价6万美元，对方很快接受还价。马尔先生的书面陈述如下：

“查尔斯·马尔在此宣誓，我代表巴克斯石油公司参与谈判，促成了上述公司工厂、无形资产及现存石油的出售。上述公司出价15万美元出售全部股份，包括库存现金、应计股利等，詹宁斯要求公司提供所售资产的定价方案。经与巴克斯夫人全面探讨，并征得其同意，本人提供了附在詹宁斯书面陈述后的方案；方案由本人书写，并应詹宁斯要求亲自在美国润滑油公司办公室原本影印，原件已提交给巴克斯夫人过目。

“巴克斯夫人充分了解上述谈判的细节及所附方案中的项目及价格，谈判的每一步骤都与其磋商，完全征得其同意，因其为巴克斯公司最大的股东，拥有公司约7/10的股份。据证人所知，她完全同意上述方案，接受詹宁斯以6万美元的出价购买工厂、无形资产及继承权的提议，无任何异议。如前所述，包括进货价格在内，巴克斯石油公司的总资产约为13.3万美元，而一部分资产并没有如证人所告知的那样，转化为现金。”

关于收购巴克斯石油公司的谈判，巴克斯夫人的代表马尔先生还提到：

“但本人声明，在这个过程中，詹宁斯先生或其他任何人从未对巴克斯石油公司施加压力，也从未说过或做过任何事情以促成上述交易。”

他还说：

“本人声明，谈判持续了两到三个星期……在标准石油公司仍未确定购买前，巴克斯夫人不断催促本人尽早完成此事，因为她急切想处理上述产业，摆脱日后的担忧及与此相关的责任。当本人告知她詹宁斯先生的开价时，她表示完全满意。”

麦洛尼先生从巴克斯石油公司创建伊始便一直担任公司主管，是公司的股东，也是巴克斯先生生前多年的合作伙伴。他代表巴克斯夫人参与了公司出售的谈判。他也提供了书面证词，提及此次谈判时，他说：

“最后，经过磋商，巴克斯夫人提出以7.1万美元的价格出售工厂、无形资产及继承权。几天后，标准石油公司提出以6万美元的价格收购工厂及无形资产，并以市场价购买巴克斯石油公司的库存石油。巴克斯夫人接受了这一方案，交易完成。

“在谈判过程中，巴克斯夫人一直急于出售公司，对最终的成交价也完全满意。我知道一年半之前，她就想出售巴克斯石油公司的股票，当时的价格比标准石油公司现在提供的价格要低30%至33%，在这一年半的时间里，公司所售的工厂及资产并没有增值。我对巴克斯的工厂及其价值十分熟悉。在当时，建造这样一座新工厂仅需25000美元。在交易过程中，我们并没有遭遇任何威胁及恐吓，也没有遭受任何此类强迫出售的行为。谈判在友好和公平的氛围中进行，标准石油公司的出价远远超过所购产业的实际价值，巴克斯夫人非常满意，所有人都为她着想。”

如今，三十多年过去了。在我看来，标准石油公司一方一直最友好、最周到地对待巴克斯夫人。我们曾建议她保留小部分标准石油公司的股票，但她未接受我们的建议，对此我深表遗憾。

商业回扣的问题

在标准石油公司所有引起公众注意的事件中，最引人注目当属铁路回扣事件了。1880年以前，在我担任俄亥俄州标准石油公司的董事长时，标准石油公司确实收取过铁路公司的回扣，但是铁路公司是不会做赔本买卖的。提供回扣是铁路公司的一种商业手段。铁路公司会公布一个公开的运费，但据我所知，它们从来没有按照这个价格收取费用；其中一部分作为回扣又返还给托运人。通过这种方式经营，不论是竞争对手，还是其他铁路公司，都无法知晓托运人真正支付的运费，而回扣的多少则要看托运人与承运人之间的讨价还价了。

俄亥俄州标准石油公司位于克利夫兰，该地区拥有发达的铁路网络，在夏天还可以选择水运。我们充分利用这些优势，尽可能讨价还价，降低成本。俄亥俄州的其他公司也是如此。为了降低运输成本，标准石油公司为铁路公司创造了很多有利条件。我们大批量地出货，我们花大成本提供装卸车设备。我们定期运输货物，以保证铁路公司充分利用铁路的运力，不用等待炼油商出油，创造最多的效益。我们自己负担保险费用，一旦发生火灾，铁路无须负责。我们自己出资建造码头设备，为铁路节省了运营成本。正因为有了所有这些条件，我们在签订合同时得到了货物运输的特殊津贴。

俄亥俄州克利夫兰市中心高中

尽管提供了这些“特殊津贴”，铁路公司从标准石油公司获得的收益远远高于从其他一些出货不稳定的货量较小的公司获得的利润，因此，它们的运费要高一些。

要想了解影响收受回扣的情况，首先必须记住，铁路总是不遗余力地扩大货运量。它们不但要应对来自湖泊、运河的船舶运输的竞争，还要应对来自输油管道的竞争。所有这些石油运输方式都使铁路运输的生意遭到打击，它们急切想在竞争中胜出。我已经说过，我们提供快速装车卸车的设备，而且每天都有固定的出货量，还提供我提到的所有其他条件，因此，最终的结果是不但为铁路公司也为我们自己节省了成本，实现了双赢。所有这些都符合商业的自然法则。

管道运输与铁路运输

输油管道的建造为铁路系统带来了另一个强劲的对手。通过管道输送石油的成本远低于通过铁路运送油罐的成本，因此输油管道的发展是一个必然趋势。关键的问题在于石油的产量是否充足，能否使投资获益。经常会出现这样的情况，通到油田的管道建好了，油井却枯竭了，可想而知，这些管道便成为了最没有价值的资产。

纽约标准石油大厦的自助餐厅

铁路系统和输油管道之间的关系呈现出有趣的特点。很多情况下，都必须把两种设施联合起来，形成互补，因为输油管道只能覆盖一部分地区，管道中止时，铁路将继续完成余下的任务，将石油输送至最终目的地。在一些情况下，之前我们按照协议全程委托铁路运输石油，但输油管道建成后，一部分路程改用管道运输，一部分路程仍由铁路运输，运费就需要分开计算。然而，由于我们已经给管道运输公司支付了全程运费，管道的所有者同意给铁路公司支付部分费用，因此出现了这种情况，标准石油公司给铁路公司回扣，而不是铁路公司给标准石油公司回扣——我还从来没有听到任何关于这个问题的怨言。

标准石油公司的收益并不是来自铁路给予的好处，相反，铁路公司从标准石油的运输委托中获得利益。标准石油公司持之以恒地减少运输成本只是为消费者节省开支的方式之一，而这一措施也使我们降低了产品价格，从而成功地占据了全球市场

我几乎无法想象讨价还价多么复杂高深；每人都在争取最便宜的运费。《州际贸易法》通过后，据说一些出货量有限的小公司拿到了比我们更优惠的运费，尽管我们大量投资提供了码头设备，保障稳定的出货量及其他一些便利条件。我记得波士顿有个很睿智的人曾谈论过回扣的问题。他是位经验丰富的老商人，处事小心谨慎，总是担心有些竞争对手会获得比他更优惠的价格。他表达过这个观点：“根据做事原则，我反对吃回扣的整个体系——除非我自己有利可图。”

第五章

其他的商业经历和商业原则

多元化投资的风险

进入铁矿石这一行是违背我自身意愿的一次经历，因为这是我没有经过深思熟虑便做出的一个决定，增加了我的负担和责任。涉足铁矿业缘于在西北的几次投资频频失败。

当时，我投资了许多不同的行业，如采矿厂、钢铁厂、造纸厂、铁钉厂、铁路、木材厂、金属熔炼厂以及其他一些行业，很多我已经记不清了。我是所有这些公司的小股东，没有参与过企业经营。并不是所有的公司都能盈利。事实上，在1893年经济大萧条之前的几年间，已经或多或少出现了通货膨胀。许多原本认为自己挺富有的人发现现实与想象相距甚远，当大恐慌到来时，艰难的经历迫使他们不得不接受残酷的现实。

这些产业中的大部分我都没有亲眼见过，我只是根据别人的调查判断其价值。事实上，我从来没有单纯依靠自己的了解来判断这些工厂的价值。我发现有人比我更清楚如何去调查这些企业。

当时，我已经打算退出商界了，但大恐慌使我不得不推迟我盼望已久的长假。幸运的是，我认识了弗里德里克·盖茨先生（Mr. Frederick T. Gates），当时他正从事一些与美国浸信会教育协会（the American Baptist Education Society）相关的工作，这些工作需要他前往全国各地。

我认为盖茨先生虽然没有工厂经营的专业技术信息，但他拥有大量的常识储备，能帮助我获取一些关于这些企业兴旺与否的一手资料。有一次，他准备去南方，恰好会经过我投资的一家钢铁厂，于是，我请他帮我调查一下工厂的经营状态。

他的报告近乎完美，是此类报告的典范。他为我提供了详细的情况，而绝大部分都不容乐观。不久，他恰好要去西部，我给了他我在那个地区投资的工厂名称和地址，请他帮我调查，当然我也只持有这个公司的少量股份。本来我以为这份资产经营甚好，然而通过他清楚明了的报告，我吃惊地发现这家公司如果继续按照现行模式经营下去，倒闭只是时间的问题。

挽救病入膏肓的企业

于是，我邀请盖茨先生加入公司，帮我处理这些棘手的事务，像我一样，成为商人。但我们之间就一个问题达成了一致，即盖茨先生将不会放弃他一直从事的更伟大、更重要的慈善事业。

在这里，我想向盖茨先生表达我的钦佩之情。他不但拥有罕见的商业能力，深谙商道，经验丰富，而且充满着激情，努力完成对人类具有伟大和持久益处的事业，其影响永远不会消逝。他担任普通教育委员会（the General Education Board）的主席，也积极参与其他委员会的活动，多年来，他协助组织了许多给社会带来长久利益的公益性的项目。

多年来，盖茨先生帮助我处理公务，使我有机会处理一些个人事务。他陪我度过了艰难的时期，好心地为我分担肩头的重担，让我有时间打高尔夫、设计景观路、移植林木及享受其他一些人生乐趣。他致力于调查我们的教育捐助、医学研究和其他类似的工作，并取得了很大成功。在过去十多年间，我的儿子分担了盖茨先生的一些工作，最近，斯达·J.墨菲先生（Mr. Starr J. Murphy）也加入公司，帮助盖茨先生处理一些事务。盖茨先生为我们的事业忙碌大半生，理应享受悠闲的生活了。

不过，我们还是回过头来看看我们那些糟糕的投资吧：盖茨先生对每一个企业都进行了充分的研究，尽全力帮助它们。我们的政策是尽全力防止我们投资的公司走向破产法庭，申请破产管理需要付出昂贵的代价，会使企业遭受惨重损失。我们的计划是通过提供必需的借款、改进设备、降低成本等方式帮助企业渡过难关。只要付出时间和耐心，充分利用各种机会，就可能使它们自我维持下去，重获新生。于是，在1893年和1894年的困难时期，我们谨慎地处理这些破败企业的各项事务，其中许多得以继续经营；有时候购买其他人的股份，有时候出售自己的股份，但几乎所有企业都逃脱了破产、申请破产管理、丧失抵押品赎回权的命运。

通过解决这些棘手的问题，我们拥有了治疗商业弊病的丰富经验。在多年之后的今天，我讨论这个话题的唯一目的是告诉大家一个事实，对于那些遭遇挫折的商人，只要谨慎、耐心地不断努力，即便看似已经走投无路，也能绝处逢生。重获新生需要两个因素：首先是资金的投入，自掏腰包或者从别人那里筹集；其次是严格地坚持合理的商业自然法则。

采矿业的经历

在这些投资中，我们购买了一些矿场的股份以及将矿石从矿场运往港口的一条铁路的股票和债券。我们对这些矿场充满信心，要想将其转化为利润，铁路是必不可少的。于是我们开始建造铁路，但在1893年的大恐慌时期，铁路建设和其他工业发展几乎全部受阻，遭到毁坏。虽然我们只是小股东，但看来只有我们才能带领铁路公司走出萧条、恐慌的艰难时光，重现生机。我不得不用个人的证券抵押借款，最后我们被迫提供大量现金。为了筹集这些现金，我们不得不进入动荡不安的金融市场，购买急需的货币，紧急输往西部，支付铁路工人的薪酬，保证他们的生计，以便继续工作。当大萧条的恐慌逐渐消退，形势逐渐稳定下来，我们开始意识到自己的处境。我们已经投资了几百万美元，而没有人愿意投资购买股票。相反，所有人似乎都急于将手中的股票抛售。我们买到的股票数量惊人——我们不费吹灰之力便获得了几乎全部的股份——相反的，我们支付了大量现金。

现在，我们发现自己掌控了大量的矿场，在有些矿场里，一铁锹就能挖出矿石，一吨只要几美分。但把矿石运往市场的运输方法仍然没有解决最主要的问题。

为了保护我们的投资，我们必须扩大贸易的规模；我们不能停下来，要尽一切努力地工作；既然已经投入了这么多钱，我们便买下能够买下的所有我们认为有价值的矿场。铁路和船舶只是获取收益的媒介，矿场才是关键所在，我相信我们再也不可能获得这么多好矿。

令我吃惊的是，一些大的钢铁制造商对这些矿场并没有予以足够的重视。在我们关注之前，可以用非常便宜的价格购买到拥有许多最好矿井的矿区。既然投身于这一冒险的行业，我们便下定决心，利用最先进、最高效的开采设备及运输工具，将矿石提供给每一个需要的人。然后，我们用获得的收益购买更多的矿区。

盖茨先生是多家公司的总裁，这些公司拥有矿井及向湖区运送矿石的铁路，因此他开始学习并经营采矿业及运输业。事实证明，他不仅是一位睿智的学者，而且还真正掌握了复杂多变的商业技能。他几乎包揽了所有的工作，只是在愿意时征求一下我的意见；不过我仍记得许多我们化解危机、渡过难关的有趣经历。

为何进入造船业

解决了铁路问题之后，显然我们还需要将矿石运输到湖区的船舶。我们对如何建造运输矿石的船舶一无所知，所以依照习惯，我们决定向我们认为行业内最权威的人士求助。我们非常熟悉这个人，他也从事矿石运输，而且企业规模很大，当我们开始用船运输矿石时，我们才意识到我们成为了竞争对手。一天晚饭前，盖茨先生约上这位专家，一起来到了我在纽约的家中。他说他只能待几分钟，我告诉他我觉得我们十分钟之内就可以谈妥，事实确实如此。我记得，这是我唯一一次与矿石公司的人会面。我前面说过，所有会议都是盖茨先生出席，他看上去乐于从事这项工作，而且经验相当丰富，是最合适的人选。

我们向这位专家解释我们打算自己运输苏必利尔湖区的矿石，希望他能为我们承建最大型、最精良的船舶，因为我们能否成功就要靠这些最高效的船舶。当时，最大的船舶载重约5000吨，但1900年我们出售船只时，我们的船载重已达到了7000吨或8000吨，而现在已经出现了万吨巨轮。

当然，这位专家回复说他本人也从事矿石运输，不希望我们也进入这一行业。我们解释道，我们已经进行了大量投资，为了保护我们的利益，控制自己的湖泊运输工具，我们必须拥有自己的船舶，实现矿石开采、运输和销售的一条龙发展；我们找他是因为他能够为我们设计和建造最精良的船舶，这是我们想和他合作的原因。尽管他是我们最大的竞争者之一，但我们知道他是一个诚实正直的人；我们非常希望能与他合作。

聘请竞争对手

他仍然拒绝了我们的合作建议，但我们让他相信，我们已下定决心进入这一行业，如果他能为我们建造船只，我们愿意给他支付可观的酬劳。我们解释道，有人已经打算为我们承担这个工作，他不妨加入我们，成为下一个获益人。最后，这番说理似乎打动了他，接着，双方签订了协议，对协议内容都表示满意。这位绅士就是来自克利夫兰的塞缪尔·马塞先生（Mr. Samuel Mather）。他在我家里只停留了几分钟，其间，我们给了他建300万美元船舶的订单。这是我与他唯一的一次会面。但是马塞先生商业信用很高，虽然他是我们的竞争对手之一，但我们对他百分百信任，他也从来没有让我们失望。

当时，五大湖区周边大约有九至十家造船厂，分布在不同位置。它们彼此独立，相互之间竞争激烈。这些船厂还没有从1893年的大萧条中恢复过来，没有全面投入生产，步履维艰；那时是秋天，许多员工都面临着严酷的冬天。在计划应该建造多少艘船时，考虑到了这一点，决定它们能够建多少我们就建多少，这样可以为五大湖区的闲置劳动力提供就业机会。于是我们让马塞先生给每家造船厂写信，确定在明天春天航运开始时，它们能够建造多少艘船舶。结果，有些船厂能够造一艘，有些两艘，都加起来总共是十二艘。于是，我们决定造十二艘轮船，所有船舶都用钢铁制造，具有适用于五大湖区的最大承载量。有些建成汽船，有些建成用来牵引的僚艇。但所有这些船设计了大体相同的样式，后来它们风靡五大湖区，成为矿石的最佳水上运输工具。

当然，这样一份订单让他面临支付高昂价格的风险。如果马塞先生提前宣布他准备建造十二艘船，让各家公司投标的话，肯定会出现这种情况。至于他如何来处理这件事情，直到很久以后，我才知道了事情始末。虽然这个故事现在已成为五大湖区的历史，但对许多人来说或许还是个新闻，所以在这里我简单地说一下。马塞先生对自己要建造的船只数量只字不提。他给每家船厂递送了完全一样的计划书和说明书，让所有造船厂根据自己的情况投标一艘或两艘船。所有人自然都认为马塞先生最多准备造两艘船，每家船厂都急切地想拿到订单，至少争取到两艘船中的一艘。

在签订合同前的那天，所有投标人都应马塞先生之邀来到了克利夫兰。他们一个个被带到马塞先生的私人办公室，密谈最终投标前的所有细节问题。投标人在指定的时间内进去。所有的绅士都对花落谁家兴趣十足。马塞先生的态度让每个人都觉得自己是最有戏的竞标者，每个人从马塞先生办公室出来时，都红光满面，看上去心满意足，这让很多人的心都悬了起来，事态变得更加扑朔迷离。

最扣人心弦的时刻到了，在场的所有绅士几乎同时收到了马塞先生的便条，恭喜他竞标成功，将会和他们签订一项达到其工厂最大承建能力的合同。大家兴冲冲地拥向平时会面的宾馆休息室，展示自己的便条，准备安慰失败的对手时，却发现每个人都拿到了想要的合同，实际上，除了自己，他们根本没有任何竞争对手。他们见面后，比较了便条，对视一笑，此时的快乐远超过了懊恼。所有人都很快乐，也很满意，可谓皆大欢喜。顺便提一句，由于之后的企业合并，这些友好的绅士后来成为了一个公司的同事，都担任了令人满意的职位。合并之后，我们后来购买船舶的价格更加统一了。

未出过海的船务经理

随着这些船舶的投产建造，我们才正式开始进入矿石业。但是我们意识到必须对船舶运营的问题做一些安排。于是我们再次向竞争对手马塞先生求助，希望他能助我们一臂之力。然而，由于他还承担其他责任，无法脱身。之后的一天，我问盖茨先生：

“我们如何找人帮我们管理订做的船只？哪个公司在这方面拥有丰富的经验，你了解吗？”

“我不了解，”盖茨先生说，“我不知道此时该推荐哪个公司，不过我们自己去管理呢？”

“你不了解船舶运营的事情，不是吗？”

“确实是，”他承认，“不过我想起一个人来，他能胜任这项工作，不过我担心你可能觉得他不是最合适的人选。不过，他具有做好此项工作的基本品质。他可能分不清船头船尾，也不分不清海锚和通风帽，对航海也不熟悉，但是他拥有较强的判断力、诚实、上进、敏锐、节俭，能够快速掌握新的技能，即便有一定难度的工作，他也能很快上手。这些船还有几个月才能完工，如果我们现在就聘请他，等船建好时，他可能工作起来已经游刃有余了。”

“好吧，”我说，“我们就请他。”于是，我们便聘请了他。

这个就是L.M.鲍尔斯先生（L.M. Bowers），来自纽约的布鲁恩郡（Broome County）。鲍尔斯先生前往五大湖区的每一个船厂，详细地考察，仔细地研究，很快便对船舶建造提出了有价值的建议，之后得到设计师的认可，并被采纳。从这些船建成并首次扬帆起航，他便开始负责船舶的管理，他的技术和能力获得了湖区所有海员的赞赏。他甚至发明了一种锚，先是在我们自己的船队中使用，后来被其他船舶采用，我听说美国海军也使用这种装置了。在我们出售这一部分业务之前，他一直负责船舶的管理工作。我们退出湖区交易后，又给鲍尔斯先生安排了各种各样困难的任务，每次他都够顺利完成。后来，由于家人健康问题，他搬到了科罗拉多常住，而今，他已经是科罗拉多州能源及钢铁公司能力超群，工作高效的副总裁。

大型船舶和铁路让我们拥有了最有利的设施。从一开始，公司的运营就非常成功。我们大规模地开展贸易，开采矿石，将产品运往克利夫兰以及其他港口。我们继续造船，不断发展，最后船队共拥有了五十六艘大型钢铁船舶。和其他许多我所感兴趣的重要行业一样，这家公司并没有花费我个人太多的精力，因为我有幸拥有这么多积极活跃、能力超群、忠诚可靠的代理人，他们承担了大部分的管理责任。我很高兴，我充分信任这些与我合作的优秀商人，而他们也从来没有让我失望过。

从多元化投资中撤身

矿石业持续发展，呈现出欣欣向荣的势头，直到美国钢铁公司（the United States Steel Corporation）成立。该公司的一位代表来找我们谈购买我们的土地、矿区以及船队的意愿。当时，我们的生意红红火火，进展顺利，没有出手的必要。然而这家新公司的组建者认为我们的矿井、铁路和船舶是他们战略规划必不可少的组成部分，于是我们表示愿意促成这一伟大事业的成功。我觉得，当时他们已经与卡耐基先生谈妥出售他的一些产业的事宜。经过多次谈判，我们接受了他们的出价，而我们的整个工厂，包括矿井、船舶和铁路等等成为了美国钢铁公司的一部分。考虑到这些产业目前的价值以及未来增值的空间，我认为这个价格还是合适的。

多年来，这场交易为美国钢铁公司带来了丰厚的利润，由于该次出售大部分用该公司的证券支付，我们也从公司的发展繁荣中获得了好处。就这样，经过七年的奋斗之后，我彻底地离开了矿石开采、运输和贸易的行业。

建立并遵从商业法则

当时，投资采矿业时，看起来多少有点前途渺茫。不过，回首从事矿石业的经历，我更加深刻地体会到我经常提及的一个商业原则的重要性。能够耐心地将我的回忆录读到这里的年轻人如果能够理解这一点，我会感到心满意足，也希望他可以从中获益。

在商业经营中，获得成功最基本的要素便是遵从已建立的高级的商业法则。确定明确的方向，研究并坚持他们认为正确的运营模式。不要满足于暂时的和眼前的优势，不要妄想一夜成功。如果你不满足于获得小小的成功，就不要把精力浪费在一些不会取得大成就的小事上。在投入一项事业之前，要看清如何通向成功之路，要有远见。很多聪明的商人在赌上全部身家，投身某一行业之前，对这一事业的前景研究甚少，甚至没有任何研究，这一点让人十分诧异。

认真研究你的资金需求，增强应对可能开支的能力，因为风险不可避免。对于真实的情况，任何时候都不要自欺欺人。只是抱着赚钱念头的人是不会获得成功的；你需要拥有更大的雄心。商业领域的成功并不神秘。伟大的工业领袖曾反复告诉我们一个简单而显然的事实，即不诚信经营，就无法获得广泛的信任，也就无法获得永久的成功，这才是我们所珍视并为之奋斗的真正资本。如果你圆满地完成了每天的任务，忠实地按照我所提及的这些商业法则运营，保持清醒的头脑，你便能获得成功，你或许也会原谅我这番老套的说教。能够冷静读这样一本书的年轻人，相信能做到“胜不骄、败不馁”，我也就没有必要来劝诫他了。

大萧条的经历

19世纪90年代初期，我便想退出商界。由于很小就开始工作，我觉得到50岁了，也该从繁忙的商业事务中解脱出来，享受生活中其他的乐趣，而不是一味地赚钱。从我开始经商，赚钱就一直是我生活的一部分，现在该改变一下了。然而1891年和1892年的经济形势很糟糕。1893年，风暴来临了，正如我前面所提到的，我众多的投资需要继续经营。这一年和接下来的一年，每个人都深陷焦虑，步履维艰。在这个时候，没有人可以安心地退休。不过，在经济大恐慌的所有年份里，标准石油公司由于奉行保守的财务管理，拥有大量的现金储备，总是能够保持着健康的发展状态。 1894年和1895年，形势好转，我终于能够从公司的管理事务中脱身了。我已经说过，从那时起，我几乎再也没有参与公司的业务运营了。

我清楚地记得1857年以来所有的大萧条时期，但我认为1907年大恐慌是最艰难的一次。不论大小企业都受到波及，无人能幸免。人们深陷在混乱与恐慌中，在这样紧急的情况下，必须支持和保证一些重要企业渡过难关，否则后果不堪设想。摩根先生真诚地伸出了援助之手，我和其他商人均从中受惠，为此对他表示深深的感激。他的权威地位毋庸置疑。他雷厉风行、做事果断，反应迅速、行动果敢，使人们重拾信心。他得到了国内许多有能力和有实力的金融家的支持，大家团结合作，鼓励人们重建对国家的信心，有效地推动了经济的复苏。有人曾问我是否能快速地从1907年10月的经济大恐慌中恢复过来。我不愿意就这个话题表态，因为我不是预言家，也不是预言家的儿子；当然，最终的结果无可置疑，这一暂时的挫折将使企业经营者采取更为谨慎和保守的措施，而这正是我们所需要的一种品质。大萧条不会长期压抑我们的勇于创新的积极性。这个国家的资源也没有因为金融风暴而削弱或毁坏。经过逐渐的恢复，未来的经济基础将会更加稳固，不论在商业领域还是在其他领域，耐心都是一种美德。

这里我想再次提醒一下生意人，要坦然地研究自己的现实状况，面对事实，而不要选择逃避。如果管理方法上有问题，就要清楚地认识到这个事实，然后采取相应的改正措施。违背自然法则是不会成功的，忽略自然法则的存在是愚蠢的。对于一个思维敏捷、想象力丰富的民族来说，要想背离毫不平淡、严酷的现实条件并不是一件容易的事儿，然而，我们仍然应该自尊自强，屹立于世界市场。

第六章

赠与的艺术

赠与的精神内涵

毫无疑问，赠与的快乐、应对他人承担的责任，无论何时提起这些话题，便很容易写成一通长篇大论，里面充斥着世代沿用的语言堆砌起来的陈词滥调和通用套话。

在这个大话题上，许多天才的作家都无法写出新意，我更没有奢望能有什么新创意。但我承认，比起谈论我长期以来从事的商业和贸易，现在我对这个话题更感兴趣。不过，一般而言，慈善活动有其非常实用和商业化的一面，能给企业带来商业机会，人们经常会忽略，或者说至少不能全身心地体会到源自内心的赠与精神，而这种精神才是其真正的价值所在。

当今时代，我们已经可以要求国家最有本事的人为公众的福利事业贡献更多的时间、精力和金钱。我不会自以为是地给这些慈善工作应包含的内容做严密的定义。每个人都是在为自己做善事，他有权选择自己来做什么。我认为慈善事业没有优劣之分，不能说什么是狭隘的慈善计划，或哪些是最好的设想方案。

毫无疑问，认为拥有大量财富必然拥有幸福的看法是错误的。极其富有的人和其他人一样，如果他们能从金钱中得到快乐，那种快乐也是源于他们有能力做一些能够为他人带来快乐的事情。

富人的平庸与局限

有人曾公开对我说，单纯追求物质享受的支出很快就会失去吸引力。这种能够购买任何自己想要的东西的新奇感很快便会消失，因为人类追求的大部分东西是无法用金钱来获得的。我们在报纸上看到，这些富人不会因为奢侈的消费而得到内心的快乐。满桌的山珍海味却无福消受；满身绫罗绸缎却遭受公众的讥讽；尽管生活条件比起别人优越，但他们遭受的痛苦却比享受到的快乐多得多。在研究富人的过程中，我发现只有一种花费财富能够实现真正价值的方式，那就是培养一种赠与的爱好，投身公益，造福社会，只有这样，才能得到长久的满足感。

商人通常会认为他已经为社会创造了财富，为一些或许多人提供了稳定的工作；他还为员工创造了优越的工作环境、新的工作机遇，以及强大的工作动力。如果只是关注员工的福利，并且只按其行事，就无法赢得人们对他发自内心的尊重。认为只要按时发放薪水就是好企业，这是最狭隘，我觉得也是最平庸的一种观点。

最大限度的慈善事业

最大限度的慈善意味着多做好事，少做坏事，滋养人类文明的土壤，广泛传递健康、正义与幸福的福音；它不是通常所称的仁慈。在我看来，这种慈善指的是精力或时间或财富的投入，它包括为雇佣的员工提供丰厚报酬的能力、拓展和发展现有的资源的能力、为员工提供之前没有的发展机会和健康工作环境的能力。只有这些才能带来持久和有益的结果，单纯给钱无法与此相提并论。

我经常想，如果这种论断成立的话，慈善事业的领域将是多么宽广！有人会认为日常的工作是一回事，慈善事业完全是另外一回事儿。我不同意这种观点。只有在星期天才有时间发善心的人无法成为这个国家慈善事业的支柱。

请原谅我频频提起这些事务缠身的商人，他们是慈善事业最需要的人。我认识一些人，他们致力于发展事业的宏伟蓝图，不是把企业发展当成暂时的任务，而是作为长期的责任。他们接手前途莫测的企业，冒着巨大的风险，面对着巨大的怀疑，带领企业走向成功。他们这样做并不仅仅是为了个人的利益，而是源于推动人类发展的更崇高的精神动力。

无私奉献是成功之路

如果让我给开始新生活的年轻人提点建议，我会对他说：如果你想获得广泛无私的巨大成功，无论你是受雇于某家公司或是成为独立的生产者，都不要抱着坑蒙拐骗、不择手段地获取利益的想法开始你的事业。在选择自己的行业或职业时，首先要想一想：选择什么样的工作才能使我发挥最大的作用？在哪里可以最为高效地工作，为社会创造最大的利益？抱着这样的想法进入社会，通过这种方法选择自己的职业，那么你在通向巨大成功巅峰的道路上已经迈出了重要的一步。调查显示，在我国，拥有大量财富的人，往往是那些对国家的经济发展产生巨大而深远影响的人，他们对祖国的未来充满信心，尽全力开发国家资源，推进祖国发展。在其他国家也是如此。为社会做出最大贡献的人是最成功的人。为公众所需要的商业企业将发展壮大，而公众不需要的商业企业注定会失败，也应该走向失败。

另一方面，这样一个豁达的商人最该谨慎的事情便是避免把时间、精力或金钱投入到已有工业，进行没有必要的重复投资。在他们看来，花费在增加没有必要的竞争上面的所有钱，都是一种浪费，甚至比浪费更糟糕。如果有一家工厂生产的产品价格低廉，能够满足公众的消费需求，再建第二家工厂便是对国家资源的浪费，会破坏国家繁荣发展的局面，夺走劳动者的生计，给世界带来不必要的悲痛和苦难。

或许，美国人民前进和幸福的最大的、唯一的障碍便是这么多人总是愿意把时间和金钱花在增加竞争性产业，而不是用在开发新领域，把钱投资在社会所需要的行业和发展中。社会发展要求创新思维，寻找、支持，或是开发新的行业，而不是因循守旧，一味效仿前人的成功之路。现在，我们的国家处于高速发展期，机遇无处不在。如果只追求一己私利，而不致力于推动人类的进步，谋求全人类的福利，就注定会导致个人的失败。更遗憾的是，他们的失败将会使其他一些无辜的人丧失生活来源，遭受莫大的苦难。

服务社会的慷慨

或许世界最慷慨的人便是极度贫穷的人，他们共同努力，共挑重担，应对时时来袭的艰险。住在出租屋的母亲生病了，隔壁的邻居帮她分担重担。父亲失业了，邻居从自己紧巴巴的食物中拿出一部分分给他的小孩。穷人不顾自己的沉重负担，毅然收留已故朋友留下的孤儿，并将其抚养成人，这种事情真是举不胜举啊！那些生活资源如此匮乏的人尚且如此，有钱人更应该慷慨解囊，出钱出力。几百年来，犹太人一直有一个戒律，即一个人要将财产的十分之一捐献给慈善事业，但这个赠与的标准对有些人来说几乎是不可能完成的，而对有些人来说却如拿出九牛一毛，轻而易举。只要赠与的精神存在，比例大小并不重要。赠与的精神最为重要，即使最贫穷的人也可以向他人伸出援手，不要为给予帮助的大小感到难为情。恐怕我又在重复一些套话了。

★约翰·D.洛克菲勒的学校

小时候，我接受了严格的教育，尽管刻板，但我非常感激他们的一个惯例，即教给年轻人定期捐赠自己挣得的钱。让小孩子早早意识到自己对他人的责任是一件好事，但我必须承认，培养这种意识已经越来越难了；因为当时的许多奢侈品现在已经成为了寻常事务。把钱捐赠给伟大事业带来的乐趣与满足远远超过赚钱带来的快乐和满足。一生中，我一直希望帮助建立高效的赠与机制，让这些财富为当前社会及后代子孙发挥更大的作用。

或许，赠与金钱和提供服务之间存在着差异。有时，穷人家和邻居可能会突然遭遇不幸，如果捐钱的人可以了解他们的状况，提供服务，帮助他们应对和改善潜在的问题，就会使他的援助更有价值。如果没有生活压力，捐赠者可以从更加科学的角度来探讨这个问题，但最终的分析是一样的：如果不对捐款背后的事情进行研究，他捐的钱只能发挥有限的作用，反之，通过提供进一步的服务，这些钱将会更加有价值。

★纽约Owego学院

崇高而无私的人管理的大医院工作出色，为公众带来健康的福音；但医学研究的工作同样重要，他们挖掘有关疾病至今未知的事实，研究治疗方法，使无数人缓解病痛，甚至摆脱疾病的折磨。

帮助病残人士更容易激起人们的善心，但是医学工作者探寻病源，寻找治疗方法，为病残人士解除了痛苦，却很难争取到捐款。第一类人会使人产生无法抗拒的怜悯之情，第二类人则需要煞费苦心才能打动别人。不过，我相信我们在科学研究资助方面正取得重大进步。现在，人们在解决慈善事业的问题时，显然都力图超越感情的冲动，那些致力于实践工作和承担科学任务的勇士所获得的资金资助也会越来越多。比如那些冒着生命危险，致力于黄热病研究的人，他们的英雄主义和牺牲精神能够鼓舞人心，造福后代，推动医疗和外科事业蓬勃发展。

支持科学研究的价值

这种牺牲精神可以延伸到什么程度？每年，众多的科学工作者放弃一切，投身科研，为人类的知识增砖添瓦，贡献力量。有时我会想，那些轻率和肆意谴责科学工作者所从事的事业的人从来没有考虑过这些指责意味着什么。无所作为，站在一边随意讥讽是一回事儿，投身工作，历经艰苦磨炼，赢得发表言论的权利又是另一回事儿。

就我而言，我一直是一个平静温和的旁观者，没有胆量对那些从事我不了解的行业的专业人士指指点点，即使是有幸参与的领域，我也不敢随便对经验丰富的专家指手画脚。

很多人率性地谴责用活的动物做实验。这些人站在捍卫动物利益的立场上，情真意切地呼吁，让人们确信用动物做实验没有什么用。纽约洛克菲勒医学研究院的西蒙·费勒克纳尔博士（Dr. Simon Flexner）不得不面对言过其实甚至耸人听闻的新闻报道，这些报道根本不属实。最近，在费勒克纳尔博士的领导下，医学院成功地研制出流行性脑脊髓膜炎（epidemic cerebro-spinal meningitis）的治疗方法。为了研制这一疗法，使用了约十五个动物做实验，其中大部分是猴子，这是事实，但是我们也要看到，每一个失去生命的动物将挽救无数人的生命。像费勒克纳尔博士及其同事这样无私的人决不会让无辜动物忍受不必要的疼痛。

我曾被竭尽全力拯救一个儿童生命的危急尝试的故事深深震撼，这是我的一个同事在故事发生后不久写信告诉我的；在这里值得重复一下。亚力克西斯·卡雷尔博士（Dr. Alexis Carrel）是费勒克纳尔博士的同事，锲而不舍的试验和丰富的临床经验使他的医术精湛，造诣颇高。

一次出色的外科手术

医学院的一个同事亚历克西斯·卡雷尔博士一直在进行一些有趣的实验性外科手术研究，成功地完成了动物间的器官移植及不同物种间的血管移植。最近，他有机会将这种技术运用到人体身上，成功地挽救了一个婴儿的生命，这次手术引起了纽约医学界的极大兴趣。纽约一位知名的年轻外科医生去年三月生了一个婴儿，由于某些原因，婴儿的血液会从血管中渗出，流入身体的组织中。一般情况下，这位婴儿会死于内出血。婴儿出生五天后，已经出现死亡的迹象。婴儿的叔叔也是这个领域最杰出的专家之一，婴儿的父亲、叔叔和其他一两位医生共同会诊，但却一筹莫展，完全想不出什么解决办法。

恰好这位父亲对卡雷尔博士在研究所从事的工作印象深刻，曾花了几天研究过他的方法。他确信如果能够挽救孩子的生命，那么唯一可能的办法就是直接输血。而当时只在成人身上实施过这种手术，婴儿的血管太细，看上去不可能成功地实施手术。在这种手术中，两个人的血管不但要连接在一起，而且光滑的血管内壁也要粘合在一起。如果血液与血管的肌层接触，就会凝结成块，阻塞血液的循环。

幸运的是，卡雷尔博士曾在一些非常小的动物血管上做过实验。这位父亲相信，如果这个国家有人能够成功实施这个手术，这个人一定是卡雷尔博士。

当时已是午夜时分，卡雷尔博士过来后，这位父亲向他解释，孩子估计无论如何保不住了，请他做最后的努力。卡雷尔博士立即答应动手术，但也表示手术成功的概率微乎其微。

父亲给孩子提供血液，两个人都不能用麻醉药。孩子太小，只有一条静脉血管粗点，可以用来输血。血管在腿的后面，位置很深。在场的一位杰出的外科医生找到了这根血管。之后，他说孩子已经没有生命迹象，无论从哪点看，都已经死亡十分钟了。看到这种情景，他提出是否还有必要进行这次尝试。然而父亲坚持必须继续进行手术，于是外科医生找到父亲手腕上的桡动脉，在手臂上打开六英寸的口子，以便把血管拉出来，与婴儿的静脉血管连接起来。

后来，做手术的这个外科医生将这次手术称为“铁匠活儿”。他说婴儿的血管只有火柴般大小，又脆弱得像湿了的香烟纸，看上去任何人都不可能成功地将这两条血管连接起来。然而，卡雷尔博士完成了这项伟大的工程。后来，在场的医生均称其为外科史上的最引人注目的事件。来自父亲动脉的血液流入婴儿的身体，大约有一品脱。第一丝生命迹象出现了，婴儿的一只耳朵上部出现了淡淡的粉色。接着，完全变蓝的嘴唇也开始变成红色，突然，婴儿像洗了热辣的芥末澡一样，身体变成粉红，然后开始放声啼哭。大约八分钟后，两条血管被分开，手术完成了，此时，婴儿开始哭着要东西吃了。喂饱后，他开始正常地吃饭睡觉，之后完全康复。

后来，这位父亲参加了奥尔巴尼立法委员会会议，反对上次会议中悬而未决的限制动物实验的法案。他讲述了这个故事，并说，在看到卡雷尔博士的实验时，他并没有想到这些实验这么快便可以拯救人类的生命；他更加没有想到拯救的是自己孩子的生命。

助人的重要原则

如果能够教会每个人自己帮助自己，我们便找到了世界上许多罪恶的根源。这是一个重要原则，尽管反复强调，很多人仍然熟视无睹，在这里有必要重新谈一下这个老生常谈的话题。

能够给一个人带来持久益处的唯一一件事情就是为自己做的事情。不费吹灰之力获得的财富通常不是福气而是祸害。这是我们反对投机的主要原因——不是因为从事投机活动失去的比得到的多，虽然事实确实如此——而是因为在投机中获利的人，从成功中受到的伤害通常比失败带来的伤害多得多。在金钱或者其他物质的赠与上，道理也一样。只有在一种情况下，接受赠与的人才能真正受益。我们只有帮助他们自助，他们才能得到永久的赐福。

疾病问题研究专家告诉我们，越来越多的迹象表明，抵抗疾病的力量存在于身体内部，只有这些抗体低于正常水平时，病毒才有机会肆虐。所以，抵御疾病的方法是提高整个身体的机能；一旦疾病缠身，战胜它的方法就是帮助体内早已存在的这些天然的抵抗组织。同样，一个人生活中的失败几乎都源于人格的缺陷、身体、精神、性格、意志力或者性情方面的不足。因此，克服这些缺陷的唯一办法就是从内部完善自身。通过自身的完善，就会克服导致失败的缺陷。只有通过自身的这些努力，才能真正地帮助自己不断前进。

我们都希望生命的祝福能够尽可能惠及到每个人。人们会制订出许多粗陋的方案，其中一些完全忽视了人性的本质，如果这些方案得以实施，可能会把我们的整个文明拖入无望的苦难中。我认为，人们经济地位存在差异的主要原因在于人性的差异。我们只有更广泛地帮助那些品质高尚的人形成强大的人格，才能更广泛地分配财富。正常情况下，一个身体健康、思维敏捷、品质良好、意志力坚强的人不会生活窘困、物质匮乏。如果不通过自身的努力，一个人就永远不可能拥有这些品质。就像我说的，别人能够为他做的最多的事情就是帮助他自助。

我们须记住，用在帮助人类进步的钱再多也不算多。因此，让所有支出尽可能发挥最大的价值，是一件多么重要的事情啊！

坦率地讲，本着减少浪费、资源优化的原则，我赞同企业以恰当和公平的方式合并与合作；浪费意味着实力的削弱。我真诚地希望并完全相信这一原则不但适用于商界，最终也适用于赠与的艺术。合并与合作不仅仅能应对企业更加复杂的形势，适应企业发展的趋势，同时对那些致力于为大多数人谋福利的人来说，也是一种有吸引力的、最有效的方式。

赠与的一些基本原则

尽管可能会让这一章枯燥无味，尽管有人告诫过我连最拙劣的作家都会避免这种写法，请大家见谅，我还是要写下一些基本原则，我所有的人生规划都基于此。多年来，我一般都是遵循这些大原则来从事所有重要的工作，我相信，如果没有这些明确而系统的目标，我的慈善工作就不可能取得任何建设性的发展。

经过多年的实践，我的想法发生了转变，我觉得在慈善事业中，有组织的系统规划必不可少。

大约1890年时，我仍然是哪里有需要就赠与哪里，没有任何计划。没有足够的指导原则，也没有明确的目标和方向，我一路摸索着前行，随着慈善事业不断发展，我几乎精神崩溃。后来，我逐渐意识到有必要规划和组建一个部门，来处理相关的日常事务，才能推动此项事业的发展，就像处理商业事务时采用的方法。我将尽量讲述一下我们当时制定的一些基本原则，至今我们仍然坚持这些原则，希望将来能够发扬光大。

可能不应该在这里谈论这样一个私人问题，我不是没有注意到这一点，但我不介意说这些，因为大部分的工作和想法都是由致力于慈善事业的家人和同事完成的。

每个正直的人都有一套生活哲学，不管他是否意识到。不论他是否用语言表述出来，他的思想中总是隐藏着某些指导原则，控制着他的生活。当然，他的理想应当是为人类进步贡献所有的力量，无论这种力量多么微小，也不管是通过捐赠金钱还是提供服务。

当然，一个人的理想应该是通过投资和捐赠的形式，充分利用自身的财富，推进文明的进步。但是文明是什么，推动文明发展的伟大法则是什么，这个问题应该认真地研究。我们的投资，至少捐赠一直用于我们认为能够产生这些结果的目标上。如果你走进我们的办公室，问慈善委员会或者投资委员会，他们认为文明的构成是什么。他们会说，通过研究和分析，他们发现文明是由以下几个要素构成的：

第一，生活资料的进步，即物质的极大丰富，包括吃穿住行及卫生、公共健康等得到改善，商业、制造业得到发展，公共财富不断增加，等等。

第二，政府执政能力的改善和法律的进步，即政府制定了保证每个人公正和平等权利及捍卫最大程度的个人自由的法律，这一法律得到了公正有效的执行。

第三，文学和语言的进步；

第四，科学和哲学的进步；

第五，艺术和品位的进步；

第六，道德和宗教的进步。

如果你问他们认为哪一个是最基本的因素，确实有人经常问他们这个问题，他们会回答，这个问题完全是一个学术问题，每个因素都相辅相成，很难说孰轻孰重，但是从历史上来看，第一个因素——也就是生活资料的进步——总体来说处于政府、文学、知识、品位、宗教的进步之前。虽然本身不是最重要的因素，但它是整个文明构建的基础，没有它，文明将不复存在。

因此，我们进行各种投资，生产更多、更便宜的产品，尽可能地改善生活条件，为人们创造更加舒适的环境。我们并没有希望因此而受到好评，我们也没有做出牺牲，而是获得了最大、最有把握的回报。虽然在许多方面我们都落后于世界其他国家，但在生产廉价产品、方便获取生活资源、普及生活必需品等方面，我们远远超过他们。

有人会问：既然这些福利应该为公众共同享有，为什么大量的财富却集中在一小部分人手中？在我看来，虽然富有的人控制了大量的财富，但他们不会也不能把这些财富据为己有，完全为自己服务。他们确实拥有大批产业的法定权利，控制着资产的投资，但这只是他们与这些产业延伸或可以延伸出来的关系而已。通过投资这种形式，这些财富又被广泛散播出去，并逐渐地流入工人的口袋。

到目前为止，还没有人提出一种比个人所有更好的资金管理方法。我们可以把钱存入国库或者各个州的财政部，但是根据以往的经验，任何国家或州的立法机构都无法保证这些资金能够比在现行方法管理下为人类更有效地谋求福利，也没有任何社会主义的方案可以确保这些财富为大众的福利得到更合理的管理。拥有财富的人有义务维护对资产的法定权利，管理好这些资金，直到比他们更有能力管理国家资金的某个人，或者一群人来接替他们。

我们认为通过高等教育可以促进后面列举的四个因素的发展，即政府和法律的进步、语言和文学的进步、科学和哲学的进步、艺术和品位的进步，于是我们在国内外投入大量资金建立了各种各样的教育机构——它们不仅仅向更多人广泛传播人类已有的知识，也尽可能，或许更重要的是推进新的科学研究的发展。单独一个学术机构普及的范围有限，只能惠及一小部分人。然而每一项新发现、每一项使人类知识领域扩展的科学研究成果，将为所有学术机构共享，马上使全人类获益。

我们的委员会正不断拓展投资的新领域，我们并不满足于仅仅资助那些对我们有吸引力的事业。我们明白这个或那个项目吸引我们，并不是因为它们比其他项目更有价值，只不过那些更有意义的其他更多事业还没有进入我们的视野而已。可能以前不存在的一些创新的个人项目还没有向我们提出资助申请。所以，我们这个小小的委员不会把善款投入到只是便利的渠道上，即上门寻求帮助的机构，而忽略掉其他项目。委员会充分研究人类进步的各个领域，从中寻找我们认为最能推动其进步的每一项工作，为其贡献力量。哪里没有为此目的而成立的组织，委员会成员就会去创建它。我希望，我们能够拥有更多的人才，进行更充分的研究，不断扩展新的领域。

这些所谓的改进工作一直是我巨大兴趣的源泉，对我的生活产生了重大的影响。在这里提及这个话题，是因为我要再次强调父亲和孩子保持亲密关系，获得孩子——不论是男孩还是女孩——信任的重要性，因为孩子们会学习你的一言一行，学会拥有家庭责任感。父亲是这样教我的，所以我也尽力这样教我的孩子。多年来，我们养成了一起查看信件的习惯，记下必须要做的各种各样的善举，研究一些有价值的资助请求，关注着我们感兴趣的慈善机构和慈善事件的历史及报告。

第七章

慈善托拉斯：合作让赠与更有效

慈善的方式

在前一章“赠与的艺术”，我讲了更加有效的从事慈善事业的方案，在本章中，我将借此机会谈一下慈善工作中的合作问题，多年来，这一直是我的业余爱好。

既然商业联合能够有效地减少浪费、优化资源配置、获取更大的收益，为什么不尝试让协同合作在慈善工作中发挥更大的作用呢？我觉得，安德鲁·卡耐基先生同意成为普通教育委员会成员，表明教育慈善事业中的合作理念向前迈出了真正的一步。在我看来，他既然接受了委员会理事的席位，便表明他同意委员会通过合作来资助我国教育机构的这一重要原则。

约翰·D.洛克菲勒

我们每个人都应该感激卡耐基先生用自己的财富为相对贫困的同胞谋福利的热忱，我想，他致力于投身第二故乡的公益事业的行为也为世人及后人树立了光辉的榜样。

普通教育委员会成立的目的在于以合乎程序和相对科学的方式，解决在帮助推进和改善全国各地教育事业过程中存在的问题，并为类似组织的成立树立一个榜样。现在，卡耐基先生已成为委员会的一员。当然，没有人知道这个组织最终将取得多大的成就，但就目前的情况来看，在理事会成员的带领下，它必定会取得辉煌的成就。由于我并不是理事会的成员，也从未参加过他们的会议，所有工作都是由其他人完成的，所以在这里，我想我可以再次坦诚地表达我个人对这个组织最终取得成功的信心。

经过多年的谨慎研究，我们在更广泛的领域中拥有一些更大的慈善事业方案，现在我们看到这些方案正在逐渐成型。值得庆幸的是，在最优秀的人中总有一些无私的人，对每一项大型的慈善事业都给予支持。在我看来，在这些好运中，最令人满意和感动的便是这么多忙碌的人都愿意从紧张繁忙的工作中抽出时间，不求回报地为人类进步事业出谋划策，出钱出力。医生、牧师、律师和各界举足轻重的人物，都致力于我们正从事的一些慈善项目，最无私地贡献着自己的力量。

这样类似的例子很多，比如罗伯特·奥格登先生（Mr. Robert C. Ogden）吧。多年来，他一直在繁忙的商业活动中奔波，但他仍然在百忙中挤出时间，热情四溢地投身于教育慈善事业，充分发挥其人格魅力，解决难度大的问题，尤其是改善了南部的公共教育体系。在慈善工作中，他明智地遵从基本原则，所取得的成就必将在未来的日子里对社会产生深远的影响。

幸运的是，我的孩子和我一样充满热情，而且在我们已开始

约翰·D.洛克菲勒的妻子Laura Spelman Rockefeller

的慈善工作中，他投入更多的精力。在金钱的问题上，他同意我的观点，即钱要取之有道，也要用之有道，花钱所要投入的精力至少要和挣钱一样多，而且，花钱的方法要更正确，钱的使用要有效。

普通教育委员会已经或正在对美国高等教育机构的选址、目标、工作、资源、管理、教育理念以及现状与前景进行认真的研究。委员会平均每年花费约200万美元，对全国的各类需求和机会进行最谨慎的比较研究。它的记录向全社会公开。许多教育事业的捐赠者正充分地利用这些公正客观的资讯，希望更多的人都能利用到它们，使其发挥更大作用。

在我国，很多人都给教育机构捐款，支持其发展。资助那些效率低下、选址不当和多余的学校是一种资源的浪费。对这一问题进行过谨慎研究的人告诉我，那些花费在不明智的教育项目上的资金如果得到恰当的使用，将能够建立起一套完整的国家高等教育系统，足以满足我们的需求。许多捐助教育事业的好心人在捐赠之前，可能会仔细地调查他们所要资助项目的品质，这些研究应该涉及到项目的管理、选址以及周围其他机构的配套设施。个人几乎不可能完成如此全面的调查，因为他要么缺乏相关的准确信息和知识，要么可能会忽略细节，考虑不周。然而，如果这项调查工作交由普通教育委员会来做的话，可能会取得事半功倍的效果，因为委员会的官员拥有相应的专业知识、工作技能和情感支持，受过专门训练，能够提供重要且需要的服务。尔今，排他的宗派主义壁垒正在迅速瓦解，优秀人才应该也正在肩并肩地共同努力，应对人类进步面临的重大问题。

罗马天主教的慈善事业

说到这里，我想到了一个例证，即罗马天主教。根据经验，我觉得它已经朝这个方向努力，并取得了很大发展。我吃惊地发现，一定数额的资金在牧师和修女手中所能发挥多么大的作用，得到多么充分的利用啊！当然，我也十分欣赏其他慈善机构工作人员的出色表现，但在罗马教堂的组织调配下，同样的一笔资金所发挥的功效远超过在其他教会手中发挥的作用。我提到这一点只是为了强调组织原则的重要性，这一点极其重要。数个世纪以来，罗马教堂一直致力于完善强大的组织力，这一点我就没有必要再回顾了。

我一直对研究这些问题拥有最为浓厚的兴趣。我的助手们成立了一个规模很大的组织，专门调查我们接收到的资助申请，与其他委员会截然不同，从属于我们纽约的慈善委员会办公室。个人不可能仔细调查每一个项目，单枪匹马作战是行不通的，我已经多次解释了其中的原因。每天，我们的办公室会收到几百封信件，谁也无法一个人来处理这么多信件。如果写信人稍微想一下，就一定能意识到这一点，我不可能一个人处理所有人的申请。

我们已经制订了很多方案，随着实践经验的不断积累，这些方案逐渐得到完善。我现在提及它，只当是对大家热切关注的这项共同事业做出的一点贡献，请大家一定要原谅我这么直率地表达这一想法。

已收的资助申请

为了处理每天收到的几百封申请信，我们专门成立了一个部门，阅读信件，进行分类和调查。开始时，我们以为这项任务艰巨，实际上真正做起来并不像想象的那样难。当然，这些信件内容各异，来自世界各地的寄件人境况不一。然而，其中五分之四的信件都是申请个人使用的捐款，除了寄信人将会对此感激不尽，没有任何别的名头。

不过，其中仍然有一些很有价值的申请值得关注。这些申请大体分为以下几类：

第一，地方慈善团体的申请。城镇或城市的慈善团体会对全体居民发起呼吁，而周边的好邻居也会同朋友和城镇居民合作，助一臂之力。然而，这些地方慈善团体、医院、幼儿园及类似机构，不应该向其提供服务的当地社区以外的地区募捐，应该由最熟悉当地需要的当地人民来承担。

第二，来自全国或国际的申请。这些申请专门针对全国范围内的大富豪，因为他们的财富不仅能够资助当地慈善团体，还能承担更多的慈善事业。在世界范围的慈善团体中，有许多全国性或国际性的大型慈善组织和基督教组织。知名的财阀经常会收到来自世界各地寻求个人资助的申请，谨慎明智的捐赠者越来越倾向于选择那些负责任的大型组织作为媒介，帮助他们把资金分配到不同领域。我通常这样做，每天的实践都证明这是明智之举。

一个掌握全面信息的组织最了解帮助哪些地方能够发挥最大的作用，多年的实践已经印证了这一点。例如传教士为了特定的目的向富人募捐——比如建医院。建这样一个医院需要10000美元，募集这笔钱似乎合理而自然。这位募捐的传教士隶属于一个强势的宗教派别。

假如这个申请被提交到宗派委员会的负责人手中，他会发现很多理由都说明这个地方并不十分需要建一座新医院，只需稍加管理，附近的另一个医院可以满足这个教区的就医需求，而另一个地方的教会则无力建医院。毫无疑问，这个钱应该用在后一个社区。各个传道站的管理人都知道这些情况，但捐钱的人一点儿也不了解。在我看来，首先咨询那些掌握全面信息的人再捐款，才是明智之举。

约翰·D.洛克菲勒在1922年

一些杰出人士考虑他们真正的责任时，试图通过一些理由让自己的良心得到安慰，这个思想过程十分有趣。例如，有人会说："我不会把钱给街上的乞丐，我不相信他。"我同意这种观点，我也不相信这类乞讨；但这不是逃脱责任的理由，我们仍然要帮助改善街道上的乞丐所代表的社会状况。因为我们不屈服于这类人的索取，恰恰是我们应该加入并支持当地慈善组织的理由，这些机构能够公正而人性化地对待这一阶层，辨别出哪些人值得帮助，哪些人只是为了骗取同情，不值得帮助。

又有人说："我不能把钱给某某委员会，因为听说我们的捐款只有一半甚至更少的钱真正到了需要帮助的人手中。"实践再三证明了，这种说法并不切实际。即便真的存在这样的问题，捐赠者也应该帮助这些机构更加有效地开展工作，而不是逃脱自己的责任。任何借口都不能让一个人捂紧自己的口袋，完全摒弃承担社会责任的念头。

彼此相关的慈善机构

在慈善事业上，千万要谨慎，不要搞重复建设，在慈善团体已经覆盖的领域，没有必要再增加一个新团体，而应该加强及完善那些业已开展工作的团体。然而，现实中仍然存在着大量的竞争、大量的重复建设，捐赠时困难最大的一个问题就是确定这个领域是否已经饱和。很多人在捐赠时，只是简单地考虑他们所捐赠的机构是否得到规范及严格的管理，而完全没有考虑这一领域是否已经存在其他机构；因此，一个人不能只考察这个单一的机构本身，而应该考察同一领域的所有相关的类似机构。下面就有一个佐证。

一群热心人士计划兴建一家孤儿院，该孤儿院将由最有势力的一个宗教派别来管理。募捐活动开始了，在这些被呼吁捐款的人中，有一个捐款人在捐赠之前，总是要认真研究该项目的具体情况。他问这个新机构的一个倡导者，这个社区现有的孤儿院有多少张床位，工作效率如何，都建在什么地方，以及这个社区还缺少哪一层次的孤儿院。

对这些问题，组织者一个也答不上来，于是他决定自己搜集相关信息，帮助这个新方案更有效的发挥作用。经过调查，他发现筹建新孤儿院的这个城市有很多家类似的机构，大量的床位在等待新的申请者，这一领域已经达到饱和。这些事实表明完全没有必要再兴建一家孤儿院，于是，他把这个情况告诉了项目的组织者。我希望后来这个计划被取消了，但事实并非如此，一旦这些热心人士善心大发，不管这个方案怎么错误，这些慈善团体也会坚定地继续募捐。

这种方式虽然具有系统性，但显然十分呆板，如果按照这种方式工作，在很大程度上会忽略个人努力的价值。我的观点是，协同合作的工作团体不应该压抑个体的工作，而应该巩固和推动个人的积极性。慈善事业中的协同合作正在日益发展，同时，广义上的慈善精神从来没有像现在这样全面。

高等教育的资助申请

毫无疑问，那些为自己解决问题的赠与者会遭受很多批评。许多人只是看到了日常生活中的最紧迫的需求，而没有意识到那些不太明显却更为重要的需求——例如，高等教育的重大资助申请。无知是世界上大部分贫困和大量犯罪的根源——因此我们需要教育。如果我们支持教育的最高形式的发展——无论是哪一领域——我们都对扩大人类知识的范围产生最广泛的影响；新发现或投入运转的新发明将成为世界共同的遗产。我认为我们不能忽略高等教育的重要性。大部分科学、医学、艺术、文学上的伟大成就都是高等教育充分发展而绽放的花朵，这一纯粹的事实得到了无数次的验证。终有一天，某个伟大的作家将为我们展现这些东西是如何满足所有人的需求，使生活更加符合所有人的愿望，不论是受过教育的人还是没上过学的人，不管是社会地位高的人还是低的人，也不管是穷人还是富人。

最成功的慈善事业在于不断地探索终极目标——追根溯源，从源头上努力根除罪恶。芝加哥大学除具备一所大学所应具备的其他综合素质外，还对科研工作给予更多的关注，正是这一点使我对它的兴趣大大增加。

威廉·R.哈珀博士

一提起芝加哥大学这所前途无限的年轻学府，我总会想起威廉·R.哈珀博士（Dr. William R. Harper）。他对工作的激情使人看到了芝加哥大学的远大前景。

我的一个女儿在瓦萨尔学院（Vassar College）读书时，我在那里第一次见到了哈珀博士。星期天，院长詹姆斯·M.泰勒博士

（Dr. James M. Taylor）经常邀请他到瓦萨尔学院做讲座；我经常在那里度周末，因此会见到这位年轻的耶鲁教授，偶尔有机会和他交谈，在某种程度上感受到了他对工作的巨大热情。

芝加哥大学建立后，他担任第一任校长。我们雄心勃勃，希望聘请最优秀的教师，创办一所不受传统约束、遵循最现代化的教育理念的新机构。他从芝加哥以及中西部民众中筹集了几百万美元，获得了当地一些重要市民的支持和赏识。这是他的过人之处，因为他不仅获得了他们物质上的资助，而且得到了他们忠实的支持和强烈的个人兴趣——这是一种最好的帮助和合作。他取得的成就远超过他的想象。他在大学教育中体现的崇高理想唤起整个中西部地区对高等教育的浓厚兴趣，带动了个人、宗教组织、立法机构真正行动起来，推进了高等教育的发展。现在的人们或许再也意识不到，当前中西部各州完善的大学教育体系主要间接归功于这位仁士的天才和智慧。

哈珀博士工作能力出众，管理能力超群，具有非凡的人格魅力。作为一名朋友和伙伴，哈珀博士经常会从繁重的大学工作中抽出时间，偕夫人到我家做客，与我们度过了快乐的时光。在日常交往中，没有人比他更令人快乐了，与他的交往是我们家庭生活中丰富充实和令人愉悦的经历。

我很幸运能够在各个时期为哈珀博士担任校长的芝加哥大学捐资助学。然而报纸总是认为哈珀博士经常利用我们的私交来获取这些捐赠。漫画家以这个话题为中心创造了很多作品。有的漫画中，哈珀博士成为了一位嘟囔着魔咒的催眠师；有的漫画中，我正在办公室里从报纸上剪优惠券，他闯了进来，一看到他，我立刻丢下手头的活儿，从窗户落荒而逃；有的漫画里，我站在浮冰上，顺着河流逃跑，而哈珀博士在后面穷追不舍；有的漫画里，哈珀博士像俄罗斯故事中的狼一样，紧跟在我身后，我不时地扔下一张百万美元的钞票，他时不时地停下来去捡。

这些漫画确实非常有趣，带有调侃的意味，其中一些还相当幽默，不过对哈珀博士来说，这些一点也不诙谐。实际上，这是对他严重的侮辱，我确信，如果他仍健在，他一定会很愿意听到我这么说，即在担任芝加哥大学校长的整个任期内，他从来没有书面或口头为芝加哥大学向我索取过一元钱。即使在和我家最密切的日常交往中，我们也从来没有谈论或讨论过芝加哥大学的财政问题。

捐助芝加哥大学的所有流程与其他捐赠项目的程序完全一样。专门负责财务预算和管理的大学职员书面提出申请，学校负责此事的委员会和校长每年在固定的时间与我们的慈善基金会开会，讨论学校的资金需求。双方通常能达成完全一致的意见，到现在为止，我还没有遇到什么特殊的机会来发表反对意见，根本没有个人的面谈，也没有个人的恳请，完全是公事公办。我很乐意进行捐赠，因为芝加哥大学位于我们伟大国家的中心；它在当地深得当地人民的尊重和热爱；它所从事的是伟大而必需的工作——总而言之，它拥有非凡的魅力，有能力获得东西部捐赠者的捐款。它之所以能够吸引和获得慈善资金，是因为其具有合情合理的价值，并不是在于个人会面或激情四溢的申请。

很多人不断地以慈善事业的名义要求与我会面，认为会面将是获得资助的最好办法，至少是一种不错的办法，这种想法其实是错误的。在实践中，我们一律要求申请者提出简洁的书面申请，不需要全面阐述他们认为这项事业多么必要。精心挑选的能够胜任的专业人士会对申请进行评估，如果认为值得安排会面，他们便会邀请申请人到办公室详谈。

来自我们的不同员工书面报告，经过必要的调查、磋商和比较，形成最终的报告，提交给我。

整个过程中，不存在与这个部门联系的其他方式。并不像有些申请者所认为的那样，要求提交书面申请而不进行面谈的规定是对其不近人情的拒绝，实际上是对其负责的一种工作方法。如果这是一个好项目，我们就会给予认真的考虑——这种考虑仅仅靠面谈是无法满足的。

有条件赠与的原因

赠与金钱很容易造成伤害。向一些本可以获得其他人赞助的机构捐款并不是最明智的慈善活动，这种捐赠只会使慈善的天然源泉枯竭。

每一个慈善机构随时都需要尽可能多的捐赠者，这一点非常重要。这意味着慈善机构可以不断地发出申请；而且如果这些不断的申请获得成功，这个机构必须努力工作，满足真实和明显的社会需求。而且，许多人与此利益相关，也为明智的理财、无私的管理提供了最好的保证，从而也能获得持续不断的支持。

我们给其他人的赠与经常附有条件，并不是想强迫他们尽义务，而是因为我们希望通过这种方式，使尽可能多的人将来可能成为捐赠者，关注慈善机构发展，并有机会进行合作，从而为这一机构的发展奠定坚实的基础。有时，一些不完全了解其中含义的人经常会批评这种有条件的赠与。

慎重、理智、公正的批评总是很珍贵，所有渴望进步的人都应该欢迎这种批评。我遭受过无数恶意的批评，但坦率地说，我并没有因此而痛苦，也没有丧失积极的生活态度。我从来没有想过批评那些与我意见不一，但能够谨慎判断并坦诚表达的人。无论悲观主义者的声音多么嘈杂，我们知道世界正在更加稳定和快速的发展，在心情沮丧与蒙受侮辱的时刻，想到这一点，我们也就得到了无比的宽慰。

慈善托拉斯

现在让我们回到慈善托拉斯的话题上来吧。慈善托拉斯指的是用商业中协同合作的方法来管理慈善捐赠的公司。这一理念要想取得成功，必须得到掌握实际商业技能的人的帮助。这种趋向完善的可能性应该把最杰出的商业人都吸引进来。当这一理论最终以某种形式，或以比我们现在所能预见的更好形式发挥作用时，我们这些卓越人士的努力将显得多少有价值啊！

最好的慈善机构应该得到广泛和充分的支持，应该由最有才能的人通过科学的方法进行高效的管理。这些人应该严格为捐赠者负责，不仅要正确地筹措资金，而且要理智和高效地管理好资金，使每一分钱都物尽其用。目前，整个慈善事业的体系或多或少都存在管理松散、随意无序的状况。很多善心人殚精竭虑筹集来用以支撑慈善机构发展的资金，却因管理方法不当，对我们最好的资源造成严重的浪费。

我们不能让那些工作最高效的伟大灵魂沦为筹集资金的奴隶。这应该是商人的任务，而他最重要的任务便是管理这个收支体系。教师、工人、雄心勃勃的群众领袖应该从紧迫而琐碎的财务事务中解脱出来，投身伟大的事业，不应该因其他方面的担忧而分心。

慈善托拉斯出现之后，这样一个涉及广泛的组织必将吸引商界最优秀的人才，就像现在巨大的商业机会对他们产生的吸引力一样。成功的商业人士是一个拥有高信用标准的阶层，例外只能证明这种判断的真实性。有时候我甚至想说，如果我们的牧师能够更好地了解商业生活的本质，肯定会受益匪浅。我认为，神职人员与商人加强联系，将使两个阶层都受益。那些牧师和在教堂中处于重要地位的人会以处理宗教事务的方式处理慈善事务，在实践中经常会做出出人意料的决定，因为这些善良的人几乎没有接受过世俗世界的任何商业训练，实际上不利于慈善事业的发展。

无论在商业中、在教会里，还是在科学研究中，人们之间正常交往的整个体系都建立在信用的基础之上。能力卓越的商人只与说真话、信守承诺的人做生意；教会的代表们经常会指责商人，说他们是自私卑鄙的小人，其实，他们可以从商人身上学到很多重要的经验。如果这两种人能够加强交往，增进了解，就能更深刻地体会到这一点。

洛克菲勒档案中心和赛勒姆博物馆于2009年2月提供了大量圆明园老照片与西洋楼铜版画图片等

慈善托拉斯的建立将大大提高慈善事业的水平；它们将面对事实；它们将鼓励和支持工作高效的员工和富有成效的机构；它们将提升慈善事业的理解标准，重点是帮助所有人学会自助。各种迹象表明，这种联合正在形成，而且发展迅速。在这些托拉斯的理事会中，你最终会发现集中了众多美国人的精英，他们不但懂得如何去赚钱，并且承担起管理钱财的责任，理智地将财富运用于慈善事业，推动整个社会的发展。

几年前，芝加哥大学十年校庆时，我参加了学校的一个宴会。主办方邀请我在会上发言，于是我草草写了几条要点。

轮到我发言时，面对着这些客人——这些家资万贯、声名显赫的来宾——我突然发现这些要点没有任何意义。一想到这些富有且极具影响力的人将成为慈善事业的潜在力量，我激动不已，于是扔下发言提纲，开始陈述我的慈善托拉斯计划。

约翰·D.洛克菲勒与年幼的大卫·洛克菲勒

“各位来宾，”我说道，“你们一直希望为慈善事业做出贡献，我也知道诸位事务繁忙，无法脱身。如果你觉得没有精力来研究人性的需求，经过充分考虑，你们才能决定是否捐款，我对此充分理解。你会把资金放入信托机构，为自己及子女储蓄财富，那么为什么不按照这种方法来处理捐款呢？不管这个人多好，如果没有理财经验，你肯定不会把留给子女的财富交给他打理。同样，捐赠给社会的钱，就像我们为家庭的未来开支储蓄钱财一样，也应该

约翰·戴维森·洛克菲勒

得到谨慎的管理。慈善托拉斯的理事们将为您处理这些事务。让我们成立一个组织，一个托拉斯，聘用专业人士，与我们共同合作，正确高效地管理慈善基金，推动慈善事业不断向前发展。我恳请大家，从现在开始，行动起来，不要等待了。”

我得承认，我强烈地赞同这种方式，现在更是如此。

第八章

给年轻生意人的忠告

本章的内容选译自《洛克菲勒信札》，是他与儿子的通信。信中既洋溢着深沉的慈父之爱，又饱含对年轻生意人的期望和忠告。信的题目为译者所加。

我希望你的经商意愿是来自内心的

亲爱的小约翰：

萨斯特教授给我写了一封信，他在信中对你经商的天赋大加赞扬，这让我十分高兴。自从你上次回家和我一起参加了商界绅士俱乐部成立一百周年的晚餐会后，你说你有了进入商界的宏愿，而且是你发自内心的渴望，对此我拍手欢迎。在你的眼里，商界是一个色彩斑斓的大千世界：坐高级轿车、进行环球旅游、在豪华的餐厅里进餐……从这里可以看出你对金钱的热情无比高涨，你的经商意识已渐渐浮出水面，这一点很像当年的我。

与你有所不同的是，我当年从商多半是出于生计，并不是我对商业有多大的兴趣。但万分幸运的是事实证明商业经营是非常适合我的，而且商业经营也使我取得了一些小小的成就。当然也有一些人，他们并不能很好地把握商业社会中的游戏规则，最终输得比较惨。因此，你一定要选择那些你感兴趣，并且能发挥你特长的行业，而不要因为某些行业暂时的光辉，就贸然决定投身于这些行业之中。

当然，假如你在选择行业的过程中发现了适合自己的活动领域，你就会生活得很幸福。然而，问题就出在这个“假如”身上！你也知道商场如战场。商界是一个极其复杂、范围无比宽广的领域。这是一个随时有人破产倒闭、随时有人因过度的压力而一蹶不振的世界。我亲爱的小约翰，你知道吗？事业就好比一只容易破碎的花瓶，在完整无缺时美丽无瑕，而一旦损坏就覆水难收，一去不返。有感于此，山姆·巴德拉曾说过这样的名言：“在起跳之前瞧瞧前面，播下的种子该收割了。”所以，对于初出茅庐的你来说，最好从现在开始，马上制订一份今后五年间周密的训练计划，以便小心谨慎地避开每天都在等待着你的许多陷阱。

上次来信你说你想进入我们公司，对此我表示欢迎。但是我必须告诉你，如果现阶段你就进入我们的公司，那么你至少还需要三年至五年的学习。你要想成为熟练的管理人员，就必须勤学不倦。不过，我并不希望你为了应付考核而一味埋头苦学，这是不可取的，是不值得表扬的。而每月的得失统计表并不能真正说明什么，它只会反映在现实生活中你是及格还是落伍。你如果想熟练掌握公司的经营方法，那么至少要花去你五年时间，在这五年中你要去熟悉顾客、工作场地、从业人员、经营阵容、外部力量的调整、内部力量的整合。只有很好地做到了这些之后，你才有资格享受高级轿车、轻松的旅行和豪华的餐厅。

约翰，你一旦确定了自己的目标，就应尽一切可能地去努力培养达到目标的充分自信。你的世界的大小是由你决定的，因为伟大的成就源于崇高的理想，所以只要你下定决心，宇宙万物都会来帮助你完成你的事业。

然而，大多数人根本不清楚商人的一天是怎么过的，他们根本不去考虑跟经营有决定因素的诸多层面，却贸然扬言“我要经商”。当然，从心里讲，我希望你的经商意愿是来自内心的，不希望你是由于家族的原因而做出违背自己意愿的选择。

你若想在商业上驾轻就熟，首先就应该与相关联职业的人进行交谈，不过，必须注意选择那些人生观不偏不倚的人。一方面，与那些沉迷于自己所选择的职业、把经商作为今生今世唯一话题的人交往是有害无益的。另一方面，与那些讨厌自己所选择的职业的人交谈也没有什么积极作用。只有优秀的忠告者才会对你所必须学的课程提出建议，而且他会教导你，当你达到了目标，自己开了一家公司时，什么事情是最为重要的。

在从商之初，你如果忽视了这种准备，就不只是浪费了宝贵的时间，而且也没有珍惜你最初所拥有的时间与所从事的劳动。如果不认真地进行选择，你就只能自欺欺人地投入某一无聊乏味的职业，这将给你的一生留下不可抹除的阴影。

在这一点上，我是非常重视的。上中学时，我就很注意社会实践了。通过每年暑假期间在克利夫兰河畔码头运输公司的实习，使我受益匪浅。我可以以我生活中的一段小插曲为例。

有一年夏天，我在工厂里干一种最需要吃苦耐劳、流汗最多的脏活。当时的工作环境相当恶劣。我们实行的是倒班制，一天工作八小时，一周工作六天。然而，大部分人都是没有任何怨言地从事着这一工作。通过这件事，使我透彻地理解了两件事情：第一就是有的人终其一生都必须从事这种工作；第二就是这些人将一生中最为可贵的时间都耗费在了条件艰苦的工作环境之中。在我的眼里，他们是可悲的，于是我下决心誓不与这种人为伍。

总之，你要珍惜离开书本的时间，做什么事都要预先制订计划，在自己所选择的职业范围内，尽量增加一些实际工作经验。在你们这一年龄层次中，几乎所有的体会都是崭新的经验，因此，学习还是赶早不赶晚为好。

尽管你现在学习已经非常努力，但是在正规学校教育的范围内，抱着一颗求知的好奇心去对待学业是必要的。因为求知的欲望越强，就越会把学习当成一件乐事。很遗憾的是，在你的同学中，有不少人只顾着对教师或教育制度等表示不满，而把关键的学习置之脑后。要知道，教育制度的改变不是轻而易举的事情，自从我学生时代起已经三十余年都没有太大改变了，大部分的施教者也不会变更！

因此，与其对教育制度发牢骚，倒不如钻制度的空子！不要把学习的课程只限于商业经营的专门课程，应该拓宽你的视野、培养明察世间一切的智慧之门，大量掌握那些能够很快使你成为优秀经营人员的课程。政治学、历史、地理、天文学等只是其中很小的一部分。

英国著名作家约翰·德雷登说过，“世上所有的一切都有它存在的价值。”我完全赞同他的观点，为此我奉劝你，每年都要开始一门新学问的研究，这样才会使你的视野更加开阔，使你具有更新的人生观，至少会跟以前有所不同。当你最终进入某一领域，或者当你在商界矿区内的崎岖小道上前进时，以前所学的一丁点知识都将显示出难以想象的重要性。

在大学里，你应该掌握与领会弗朗西斯·培根的成功秘诀。他的理念是：“读书使人富有；交谈使人机敏；写作使人沉静。”这些能力的组合对瞄准成功的人来说，是绝对不可缺少的三件法宝。

所以，我希望你要经常读书以培养自己的写作能力，要学会与别人推心置腹地交谈，只有这样，才能在你满意地离开大学时，使你完全做好了进入社会的准备。我自己也是按照这一方式打好基础的。顺便再添一句，我从不认为以前所学的一切不再有任何作用，人都是在学习中成长起来的。

爱你的父亲

如果你是个守财奴，你将不会快乐

亲爱的小约翰：

在你即将走上社会之际，我很想与你谈谈关于金钱的一点看法。

对于金钱我们必须有一个正确的认识，这当然需要时间来验证。我在你这个年纪的时候对金钱有着十分美好的向往，当然还有一点疯狂。我知道金钱能够换来道德尊严和社会地位，这些东西比漂亮的住宅、精美的食物和昂贵的服饰更令我激动不已。

我年轻时曾经着迷于一本名叫《先贤阿莫斯·劳伦斯日记》的书，这让我一度认为自己是一个自相矛盾的人。劳伦斯是新英格兰一个富有的纺织厂主，他通过一场精心的安排捐赠了十万英镑。我每次读到他写的那些信时总是入迷到极点，他给人的钞票都是嘎嘎响的新钞票，不仅看得到而且听得到。我打定主意如果有一天，只要我办得到，我也要给别人嘎嘎响的新票子。也许一个十几岁孩子的脑子里有这样的想法显得十分罕见和可笑，但我知道，那是金钱在我头脑里所产生的奇妙效应，也只有在我的头脑中才会这样。

现在看来我当时的想法多么幼稚，如果你只知道攒钱，你的生活就成了一个紧锁的保险箱，什么东西也进不去，什么也出不来。有一次，我看见许多玫瑰被抢购一空，我就想克利夫兰的花店肯定十分赚钱，于是就冒出了一些很小气的念头。因为总有些女孩会收到远远多于她们需要的花，那么为什么不把这些花再收起来，趁夜晚降临之前卖给那些因为买不到花而心急如焚的小伙子们呢?不过这个想法一经想出就被我自己骂了回去，我想这正告诉了我贪婪于蝇头小利与开动脑筋、努力工作的区别，如果我利用那些可笑的小聪明成了富翁，那可真是天大的笑话。

金钱仅是万物的外表，而非核心：钱可以买到食物，却买不到好胃口；钱可以买到药品，却买不到健康；钱可以买到相识，却买不到好朋友；钱可以买到享乐，却买不到幸福与安宁。

但是金钱统治着我们的生活。你可以否认，可以抗议，可以宣称自己对它视如粪土，不屑一顾——你可以任意表演自己在道德与才智上受到的训练。可是说到底，金钱毕竟还是我们生存的核心。但金钱的确不是最重要的。它与那些使我们生活有意义的道德观念毫不相关。我们常常陷于困境：应该怎样对待生活中那些虽然不重要，却处于你生活中心的事物呢?

我认识许多人，他们对待金钱的态度有很大差别。我曾经和那些街头流浪汉一起喝最便宜的酒，他们把仅有的钞票揉成一团塞在裤子口袋里；我也和那些证券经纪人聊天到深夜，他们操纵着大量的财富，可却从来不去碰一便士现金或硬币；我也见过有些有钱人不肯轻易拿出一枚铜板，因为害怕这会让自己变穷；我也见过慷慨的富人、犯罪的穷人，见过妓女也见过圣徒。

所有这些人都有一个共同点：他们处理金钱的方法是他们对金钱的认识的结果，而不在于他们拥有金钱的数量。从最基本的层次上讲，金钱是一个冷酷无情的事实——你要么有钱，要么没钱。不过从感情和心理的角度上讲，它绝对是虚幻的。

你可以把它塑造成自己想要的样子。

即使你对金钱不感兴趣——你只希望不要为钱操心——在某方面讲，它就成了被某种抽象法定义的抽象概念。金钱可以产生利息，你必须盘算怎样进行投资，根据自己赚钱的多少来纳税，使它成为有自身含义的财产。金钱生根发芽，经受经济风暴的冲击。你要像个园丁那样照料它，它则成了你思想的核心，即使你认为自己只是在攒钱，希望以后不再为钱操心。

那么你应该怎样对待金钱呢?在赤贫和暴富两个极端之间，什么才是你正确的态度呢?虽然没有什么严格的规定，也有一些基本准则你应该铭记。

古希腊哲学家德谟克利特有句名言：“让自己完全受财富支配的人是永远不能合乎公正的。”如果你慷慨大方，别人也会同样对待你，这样钱财就可以自由流动。与他人分享并不是挥霍金钱——那只是希望寻求浪费金钱时的那种刺激。我所说的分享就是用你的钱去帮助他人做些有意义的事，而不计较回报。如果你能够这样做，你也就成了那些助人为乐的人们中的一员，这样就会有无数与他人交流互助的机会，人们也会以同样的善意回报你。

这种情形就好像人们用外语交流一样。讲同种语言的人们之间可能会有更多共鸣。如果你追求钱财是为了安全感和储藏，你就会发现你周围的人也是这样。你们都会戴着面具，握紧拳头，怒目而视。你们的共同点就是猜忌和怀疑。但如果你积累钱财是为了和大家分享，你就会发现大家讲着同样的语言——分享，世界就会充满生机。

但还有更重要的一点是：如果你是个守财奴，你将不会快乐，因为贪财的人不能承受损失。金钱总是来来去去，这是它作为交换基础的特性。守财奴却无法容忍钱财的流失；而那些慷慨的人，即使当他们贫穷时，内心也是富裕的，因为他们看到了钱财散去有益的一面。他们的慷慨常常会点燃与他人分享的火花，钱财的流失成了一种使大家都能从中受益的共同的礼物。

那些大方的人愿意看到钱财从他们手中流出，因此也容易理解关于金钱的另外的准则：有时为了前进，你必须损失钱财。那些拒绝做任何赔本生意的人被他们总渴望获胜的心理压得喘不过气来。这样也许他们付出的代价太过昂贵，也许他们购买后这个世界又发生了变化。不论如何，拒绝在任何交易中有所损失的人们常常会陷入故步自封的陷阱而不能自拔。有时前进的需要比拿出自己最后一个铜板更为重要，有时值得我们倾囊而出。

但我并不计较你是否能对金钱达到禅宗式的明确态度。我只想告诉你：金钱是流动的、虚无的，生不带来，死不带去。如果你坚持认为钱财只能增多不能减少，你就是在和诸如呼吸、来去这些自然规律唱反调。经过你手中的钱财可能还会回来，也可能流向他人。可不论怎样，生活还得继续，还有更值得我们注意和关心的事情等在前头。

但如果你坚持认为金钱最重要，还有最后一条准则：金钱具有某种特性，我称之为“物种辨认性”。它可以进行自我辨认：赚硬币的人损失硬币，赚钞票的人损失钞票，赚大钱的人损失大钱。

如果你真的想赚钱，你就必须置身于你的同类人之中。经常有故事讲百万富翁是怎样从一厘一毫赚起。可那些人都是生活在一丝一毫的积累的恐惧之中，这种生活毫无意义。如果你想成为百万富翁，最好学着加入他们的世界，了解他们的规则和技巧，然后将你的才能运用到如何与他们共事相处上。那些赚几百万的人并不比那些赚几张钞票的人更聪明。但在不同的舞台上，金钱可以成倍地增长。他们的才智获得的报答也更多。

因此如果你想要赚钱，你就要接近金钱，它总是在属于自己的地方出现。你要靠近它，它才会靠近你。但不管你选择哪种方法处理钱财，都要铭记这条真理：有多少钱并不重要，重要的是你怎样运用它。

金钱只不过是一种商品，一种双方认可的抽象的交易。而这种交易的精神使金钱有了生命力和意义。慷慨的施与者，不论贫富，都将用金钱为这个世界带来光明。那些锱铢必较的守财奴，也不论贫富，都将会用金钱来关闭我们的交流之门。

做一个给予者和共享者，其他一切问题都会以某种出乎意料的方式迎刃而解。

爱你的父亲

要有“从小人物做起”的勇气

亲爱的小约翰：

约翰，你最近在公司中从事原油的市场营销工作，一定很辛苦吧？事实上，你从布朗大学毕业后，在商业实践中一直扮演着推销员的角色，要知道这是一个吃力不讨好的工作，你也从中体验到了做小人物的苦恼了吧？但你不应该产生放弃的念头，你怎么能一连几天都躲在房间里听音乐或者外出泡酒吧，而不去工作呢？要知道现在才是你事业和人生的开始，正是你经受考验的时候。

孩子，对于你的这一做法我感到有些不安。其实，你应该清楚地知道，任何一个成功者都是从小人物做起的。我敢肯定任何年轻人都渴望出人头地，但这需要一个过程。其实我也不喜欢工作，也没有人会喜欢工作，但我喜欢工作中所包含的东西——发现自己的机会，只有不断地发现自己才能提升自己，才能为自己一步步地走向成功积累经验。历史上许多著名的人物，在你这个年纪时甚至还不如你。所以你不要着急，更不能气馁。

在我年轻时的日记中，记载了我当年做不知名的小人物时的历程：

有一年夏天，学校放暑假之后，我决定找一份临时工来锻炼自己。有个朋友对我说俄亥俄州机械制造公司在招聘工人，我决定去碰碰运气。

第二天，我早早地来到了面试地点。十点钟一过，排队的人群开始稳步地向前移动。不久，轮到我面试了。

“你想找个什么样的工作？”一位人事官员问道。

“你们所有工作中薪水最低的工作。我急需要一份工作。”我说。

“好吧，我们雇用你了。”

我十分高兴，那时我正处于生活中的低潮。我需要一个起点，哪怕是最底层的。现在我终于拥有了这个机会，我被安排在组装线上。那时公司正在为陆军制造机车手提灯，我的工作是把带着铜铆钉的带子缠绕在铁环上。

虽然当时我的薪水每小时才二十美分，但是我发现手工劳动有趣而令人满意。人们一生几乎都要经历用手劳动的过程，这一工作对我来说并不难。然而，工作的第一天，在组装线上钉铆钉时，我的手就被锤子重重地砸青了。我很担心这一事故会对工作造成不便，于是在得到了老板的许可后，下班后我继续留下来，试图研究出一个能用受伤手指工作的办法。我在车间里寻找，功夫不负有心人，终于找到了我需要的工具和材料。我制造了一个木头节子，只要它把铆钉固定住，我就可以毫不费力地做我的工作了。

第二天，一大早起来我就去试用我新制的工具。我在其他工人到来之前开始做工。结果我取得了惊人的成功！这个木节子能固定住铆钉，不再需要手扶，这样我就可以闲出一只手来，能够比原先做更多的活。我的这一新改进也得到了老板的夸奖。通过这一小小的改进，使我认识到了任何工作——哪怕是最底层的工作——都需要你认真去对待，也许你一个小小的发明就是改变你一生命运的契机。

自从有了这个木节子，我的工作速度比原先加快了一倍。

这样我就拥有了大量的剩余时间，我开始向老板要求更多的工作，并被委以一大堆杂务。我帮助组装线上的女工调整工作台的高度，经过调整使得她们干得更顺手，同样提高了工作效率。我总是在任何可能的环节中协助我的老板。我每天都是第一个来到工作室，下班后常常留下帮助清理整顿，为第二天做准备。在我看来这是份不错的工作，既满足了我当时的需求，又提高了我的工作能力，为我今后的发展打下了基础。

时间一长，公司里的人对我就像一家人一样，我也参加了公司的一些娱乐活动。公司有个垒球队，每周都与其他一些小公司的垒球队比赛。我成了球队的一名管理员。在公司后面的球场上我结识了奥林·哈维，他既是球队队长，又是公司的采购员。一天练球时，我们谈到了工作。

“你为公司工作感觉如何？”他问。

“不错。”我说，“但钉铆钉这份工作已不能提高我的能力，我想找点更具挑战性的事情干，这样我才能够学到更多的东西。”

这次谈话过后，我也没把它放在心上，继续努力干好我的工作。突然有一天，哈维先生来到我们的生产线。“你愿不愿意到采购部门做一个订货员，约翰？”他问。他解释了订货员的职责，并说我可以借此了解到整个公司的生产程序，他强调说，所有生产成品所需的材料都要经过订货员这一程序。

我当然愿意。于是，在新的工作中我个人的努力工作和解决问题的能力同样被认可并被奖励。在短短的三个月假期中，我就从组装线工人升到了采购部，继而又被提升为部门经理助理。只可惜这以后不久，我由于学校开学不得不离开公司，继续我的学业。但这三个月的工作使我认识到，没有内部关系和推荐，我仍可以从最底层干起，一点一点地获得成功。我认为这是搞清楚一种商业基础最好的途径，并能使我获得在这一领域里发展所需的必要的自信。

每次有人问我："什么才称得上是最可靠的成功之道？"我认为最重要的是必须做个好雇员。之所以要这样有两个理由：每份工作都能为你赢得应有的认可、金钱和自尊，生活也会因此而变得异彩纷呈；一个好雇员在静心等待认可、金钱和自尊的过程中，会发现更多的乐趣。

约翰，通过我的经历，你从中学到了什么呢？你自己是不是也应该遵循这些建议呢？你现在刚刚开始工作，对于你真正需要的一切还没有真正了解，待你稍稍成熟些后，工作才会得心应手，才能够干得更出色更开心。现在，我把自己的几点职业戒律推荐给你，这些都是我在最底层的奋斗生涯中总结出来的。

学会在苦差使中潜水。大多数年轻人最初择业时，都会经历一些辛苦烦琐、单调乏味的工作：为日理万机的老板跑跑腿、整理他（她）的通讯录什么的。对于有些人来说，这可能根本就谈不上是什么职业，但你必须把这样的工作当成你漫漫求索之旅的重要起点。

乐于接受并主动要求分外的工作，但要适度。在展销会上，你可能还不够资格代表公司，但别让他们忽视你乐于承担的任何工作。如果你对如何更好地组织本部门有些创意，那么你就要大胆地说出来。但记住一点：你必须完全有能力处理自己所要求的工作，并且能够全力投入。

雄心勃勃，但绝不张扬。真正的成功，除了智慧、人格魅力加努力，没有别的替代物。你应该暗地里雄心勃勃，随时睁大眼睛四处瞄瞄有没有合适的空缺，伺机而发。事实上，原动力和奉献是带来成功和喜悦的最好“进攻”策略。

人与人的差距，更多地体现在思想方法上，虽然初始时就那么一点点，但日积月累就越拉越大，所以要不时地发现差距并及时总结，方能迎头赶上。你要善于观察、学习、思考和总结，你不能逃避，也不应该一味地苦干奋斗、埋头拉车而不抬头看路，这样常常会导致一个人总是原地踏步，明天仍旧重复今天和昨天的故事。

成功的规则未必那么明显，需要你有很高的悟性与洞察力，面对差距和挑战，你应该及时调整心态，增强自己的自信心，要学会独立思考、多谋善断、随机应变。这是我的心路历程，我今日的成就是我从底层做起、不懈奋斗的结果。所以说，做小人物并不可悲，可悲的是没有从小人物做起的勇气，我希望你明天能够以正确的心态来看待你的工作，以饱满的热情认真对待你的工作，好了，我相信你明天会按时回公司上班的。

爱你的父亲

充满革新精神，同时保持谨慎

亲爱的小约翰：

约翰，还记得我当年带你到北部打猎的情景吗？那个时候的你是多么勇敢，面对狼群临危不惧。我希望你还能够用当初那种“初生牛犊不畏虎”的精神来面对今天的挑战！我们要对付的问题主要是竞争公司的新产品。你大概也已经发现这要求我们必须全面地应用创造能力。而创造能力是人的心理本能之一。

现在，在市场上，虽然我们有一种产品落后于竞争产品，但我们并非对这种事态漠不关心、等闲视之。

对于这种情况，我们一直以来就贯彻了这样的方针，即常常把公司的相当一部分盈利投资到持续性的研究和开发项目里。并且最近为改良现在的产品，我们打开了若干重要突破口。因此，我坚信我们很快就能对付竞争产品的威胁。

你一定对于技术开发部设计的几个方案已经投入市场却毫无起色而感到担心！约翰，别着急，从我多年的经营哲学来看，只要是与制造公司有关的新的改良方案，都不应该马上拿到市场上去实践，而用于对付我们现在所经历的“不时”之需，才是高明的。

要想成为一个成功的商人，我们必须总结经验教训。通过这件事，你应该学到的第一条教训是：很多公司将利润的大部分以红利的方式分发给股东，却没有投入到新产品的研发中是一个严重的错误。一家优秀的公司（我认为我们是）应该重视产品研发，只有这样才能够使公司得以生存并立于不败之地。

因为我们的所有股东都是家庭成员，而且只有一家银行需要考虑，因此“今天投资是为了明天发展”的策略执行起来要比其他公司容易一些，而且我始终认为这是唯一的出路。

第二条教训是：要认识到企业要取得成功，很重要的一点就是要在员工的思想意识中树立想象力和创造力的观念。以前通常认为一个人只要接受教育并乐于努力工作就能获得成功，现在不同了，以后也是。今天的成功要依赖于具有想象力和创造力的思维，同时加上知识和努力工作。

一般人都认为，只有极少数的人拥有很强的创造力，“天生”就是发明家，大多数人不会表现出想象力和创造力。但我认为创造力不是少数人独有的，而是所有人都具备的。

我刚刚进入商业界的时候，总认为自己一点也没有继承你祖父的创造力天赋，并为此而懊恼不已。庆幸的是，时间、学习、实践和经验证明，事实并非这样，但我那时却很难认识到这一点！如果我当时能够做到，那么将会减少许多我在发展过程中不必要的苦恼、烦躁和不确定。

你也是个年轻人，也会犯与我当年一样的错误，处在这个年龄段的很多人都会犯这样的错误。不要因为自己在美术课上只能画简单的人物造型，在英语课上只能写一首小诗，就盲目地认为自己完全没有想象力和创造力。幸好，你母亲和我已经经历过这样的阶段，能够帮助你纠正这一错误认识。你应该知道创造力不仅是在漂亮的图画和明快动人的散文，甚至是伟大的发明等这些切实的事物中表现出来的。

实际上，创造力和天赋是在日常生活中以不同的方式表现出来的。很多时候人们常常是表现出了创造力却没有觉察到。

你能够从一名普通的销售人员一跃成为销售经理，在很大程度上就是依赖于你在工作中所表现出来的创造性思维。比如如何更好地接触新客户，解决现有客户之间存在的问题，进行谈判，完成合同，平息员工的不满情绪，鼓舞团队取得更大的胜利，出色地交谈和演讲，等等，这些都是你的创造力的表现。

利用创造力资源有几个步骤：向思维输入信息，给予它安静的时间来酝酿想法，进行“策划”，然后跻身于世界知名的发明者当中。如果当初就能领悟这些的话，就可以省去很多徒劳的苦恼、动摇的时间。正如约翰·巴肯曾经说过的：“作为领导者，他的任务不是把伟大加之于人的身上，而是要去发挥这种伟大，因为伟大早已存在。”

约翰·D.洛克菲勒和家人在克利夫兰市火车站

约翰，现在你还是在犯我以前所犯过的、各种年龄的许多人都会犯的错误。创造能力的应用有以下四个方面。我把这些方面称为“心理活动”“成熟期”“孤独”和“主人翁精神”，下面我就各个方面进行一下探讨。

心理活动是针对你准备调查的任何课题，首先必须在潜意识中储存所有已知的事实，然后在潜意识中理出错综复杂的事实头绪，做到心中有数，很快就会找到解决方案，主意也会一个接一个地浮现在你的脑海里。有时在你意想不到的时候也会有办法。总之，办法会浮现到你的脑海里，并以某种形式集中起来，之后你就把它作为一种试验去实行。

成熟期指创造性的突破口并不是一夜之间就能打开的，希望你能理解这一点。当然也有例外的时候，但一般来说，构思的发展需要时间。有时甚至必须花上好几年的时间，耐心思索事实，反复试验，在潜意识中储存新的数据，等待最后的全部的解答。

诗人罗伯特·李·费罗斯特是这样说的："牛顿在抓住灵感之前，苹果多次落到他头上！自然常常给予我们启发，反复地启发我们。而我们则是偶然得到了灵感。"人类从这种创造性的心灵中"抓住灵感"，发明了车轮、纸张、玻璃、电、汽车、飞艇，在其他方面也取得了许多卓越的成就。

孤独是创造力最重要的催化剂之一。为了抓住灵感必须给予心灵一个可以构思的安静的、心平气和的环境，需要有使新的构思浮现在脑海里的安静时刻。詹姆斯曾这样说过："正如社会可以培养完美的人格一样，培养想象力需要孤独。"我从星期四傍晚离开办公室以后到星期一才回公司就是这个原因。一般的朋友认为我是星期五休息。他们不知道，星期五不管我是在家里度过还是去划橡皮艇，对于我来说都是安静"思索"的一天，是长期以来一个星期中成果最多的一天，是一个最宝贵的工作日。

主人翁精神的定义是说，它是"为了达到特定的目标，在两个以上的人们之间，以合作精神所进行的知识和努力的统一”。两个以上的人“合作”，为了解决目前的问题，“把脑袋凑在一起”的时候，常常比自己一个人去想主意要多得多、好得多。

这些同我们目前要面对的竞争对手的新产品问题有什么关系呢？我相信你现在已经想到了，那就是要利用我们的创造力，这是每个人与生俱来的能力。我们的竞争对手目前在某个产品上领先了一步，但这并不意味着我们只能坐观事态发展而不做任何准备。

竞争促使企业去思考，谁想得最好或者说最有创造力，谁就赢得了竞争。考察和研究对手的策略是至关重要的。创造力不只是想象性的沉思，它需要行动。目前我们在改进产品方面已经取得一些重大突破，我深信我们很快就能够迎击竞争者对我们构成的威胁。

我做生意的一个座右铭是，“要保持谨慎”，不要产品一有任何改进就立刻推向市场，可以将它们的一部分暂时保留，等待时机。简单地说，就是让你的对手先亮出底牌，当他认为自己已经占了上风的时候，你挑选出最好的一张牌——充满革新精神、设计得近乎完美足以使对手退缩的产品。过创造性的生活需要足够的勇气，创造性是那无人涉足的领域，但你将有一个伟大的发现，那就是你自己。

约翰，具有创造性的、想象力丰富的心灵对公司来说就是创新。创新的出现具有一定的偶然性，我们很难预料会有什么样的创新，或是某个创新会在什么时间出现。创新往往是一个意外的发现或是市场需求的外来变化。

从公司管理的角度来说，更多的是通过建立一种制度、一种理念或是文化，来增大创新的概率和提高创新带来的价值。创新的本质在于开辟新的市场领域，使公司避开激烈的市场竞争，并获得价值，而不在于其具体形式。

对公司来说，对某种产品的定型、某项服务的规范，也被很多精明的企业家视为创新，因为它们同样开辟了新的市场领域，具有相当大的价值。创新的真正意义在于能够被有效地转化到价值链中并为公司带来价值。而公司追求创新的本质，在于能通过创新使公司避开竞争，占有更大的市场份额。

爱你的父亲

生意给人的报酬，除了金钱还有品质的完善

亲爱的小约翰：

感谢你送给我的高尔夫球棒，你知道最近一段时间我很迷恋打高尔夫球，这让我的身体得到一些锻炼。我还要谢谢你邀请我看电影，我记得你小时候最喜欢去剧院看歌剧。另外，我还是想跟你聊一下工作上的事情，听说你的一个老客户，他们新任的采购负责人想让你用十加仑的油桶只装九加仑的方式，给他以回扣。你长期以来一直跟他们合作得不错，而最终得到了这位新负责人的必要许可，为了最后能够稳妥地签订这份合同，你居然想同这个肮脏的家伙妥协，或多或少地给他一些贿赂，这让我有些担忧。同时想到了诚实的话题。生活并不会让人们一下子拥有属于他的一切好处，道德也许完全是人们做出选择的勇气。

其实，我年轻的时候也曾经做过一些类似的事情，而使我终身遗憾，甚至到了今天我也不能原谅自己。我希望你在这方面不要犯我当年犯过的错误，一个人品质上的一个小污点也会遭到人的唾弃。如果时间可以倒流，我想我会纠正许多不该做的事情。事实上，一个人不可能不犯错，但可以尽量少犯错，你说是不是？

约翰，我想跟你谈谈作为一个企业人应有的节操。你如果帮了这个人，就相当于对自己的公司有了盗窃行为，因为如果供货厂商能提供这种性质的资金，对于其公司来说将会节省一笔经费，但不能让这笔钱作为贿赂的款项落入这个管理人的口袋里，因为这个人的工作只是为公司从供货厂商那里尽可能以

最低的价格购入尽可能高质量的产品，但很明显这个人是在玩忽职守，欺骗了公司，利用这种方式，进行诈骗。

约翰，你如果帮助了这样的人，就等于是唆使他干坏事，我当然会第一个站出来反对。在不久的圣诞节前，我和老朋友聊天的时候，他还在问我，在商界生存最重要的一点是什么，我当时毫不犹豫地回答说是诚信。因为只有具有诚实的人格的人，才是有道德、有品质、生活态度高尚的人，他们日常生活中的正直、坦率是令人感到安心的，在企业界具备这种品质是事业成功的保障。

当然不可否认，也有那么一批人，与我的观点正好相反，他们不是那么正直，他们认为名誉远不如财富重要，他们高举的标语是和我所推崇的诚信背道而驰的，这是很让人感到可惜的。但我坚信，世界不会宽容到让企业界这些无节操的人长期混迹的，不要因为他们的影响而置自己的信用于不顾。因此，不应把诚实说成是一种白送的礼物或最可贵的优点之一，而应该把它看作商业界人士所应该具备的最基本的品质，它是成功的基础，只有它才是能够带来长期成功的真正“原动力”。

而相当多的人不想诚实地进行商品交易，那些人多数都是背叛别人后就远走高飞的，根据我这么多年的从商经验来看，那些人根本不可能就这样长久地混下去，因为，在企业界里传得最快的消息莫过于欺诈和违反道德的商品交易丑闻了。而这丑闻一旦传播开去，就会带来致命的后果，也就是销售量的下降，对于每个企业家来讲这是他最不希望看到的结果。

★约翰·D.洛克菲勒逗小孩

我想你是不应该养成这一作风的。因为不正直多半是从家庭开始的，孩子性格最初形成的主要因素是父母，而不是别的什么人，而你从小受到的都是完全正确的教育，我和你母亲都是无比正直的人。

父母的榜样力量是最有说服力的。一旦父母以各种方式表现出奸诈的行为，比如在餐厅吃饭结账时，服务生少算了钱就十分高兴，长此以往，教育孩子就变成了无用功。

许多父母由于自身的不良行为，在潜移默化中，以微妙的方式教给了幼小的心灵怎么去对别人撒谎，而结果在孩子长大后会非常明显地表现出来，严重地影响了一个孩子未来的人生。而我不希望你在这方面出错，因为我和你母亲从来不会因为餐馆算错账时，在你或别人面前表现出十分高兴的情形，我希望你与我一样有着同样健康的伦理观。

很久以来，我一直把保持顾客、职员、供货单位以及银行关系户的信用作为个人的信条，对管理人员也严格要求，我们的公司也是以这个方针为基础建立起来的，直到现在还把它当作最坚实的基础原则。因为为了获得这一良好的信誉，所有人都付出了长期的努力，包括我个人在内，我为此感到无比自豪，在我看来作为一名管理者，不损害这个信誉也应该是你的主要责任之一，因为信用有着不可估量的价值。你应像我长期以来所做的一样，不是欺骗对方，而是设法光明磊落地去战胜对方。

只有诚实地去迎接企业的挑战，才会感受到真正的精神焕发，这就是守信用的最大好处。要加强公司的信誉，在别人评价的时候，会说这是一家信得过的公司，你应该一开始就培养自己和手下的员工具备诚信的品质。

因此，对于一个伟大的企业家来说，诚信远比金钱有价值。金钱的诱惑只是一时的，而品质的纯洁则是一生的。我相信你会在金钱与品质之间做出一个正确的选择。对一个真正的企业家来说，他通过努力获得的不仅仅是金钱，还有品质的完善。

古希腊的哲学家第欧根尼曾说过：“我在找寻真正正直的人。”爱尔兰的哲学家乔治·柏克莱巴说过：“诚信是人人都应高举的标语，但实践的人又有多少呢?”诚信或许只是极少一部分人占有的不可估价的财富，在企业界内，信誉是奸诈的人花天价也无法买到的，他们无法体验赢得它的乐趣，就像被阉了的公猪永远无法获得拥有小猪仔的乐趣一样。无论这些人怎么做，怎么不择手段地赚取不义之财，相信在基督的“照顾”

下，警察会在某一天敲开他们的门。、

所以，我们必须用诚信的方式去赚取我们应得的钱。本来快乐的圣诞，似乎被我这一比较严肃的问题破坏了气氛。不过，约翰，我相信你会理解并接受我的建议。

我们把话题又转回了那个没有声音的黑白电影，西蒙还向我介绍了不少我从未听说过的名词：蒙太奇、好莱坞。我想或许我已经不属于这个时代，许多我无法理解的东西不断出现在我的眼前，但我相信的是，诚信是无法被时间带走的，就像我们现在仍在唾弃那个背信弃义的巴比伦的大祭司和宫廷诗人。

上帝给人们许多条路，而圣人学会走哪条路？

爱你的父亲

光明磊落地挣钱，然后明智地花出去

亲爱的小约翰：

虽然前两天刚给你写了封信，但是那天我无意中从你的一个朋友那里听说，你已经参加了我们匹兹堡的“认养一位老人”的活动，我一高兴就又拿起笔来。做出友善的举动会如此令人身心愉快，我不明白为什么没有更多的人愿意这样做呢？很多人觉得帮助别人会令自己感到尴尬，事实上，我们真正应该感到尴尬的是：在别人需要帮助的时候你却没有提供帮助。

这世界就是一面巨大的镜子：你是什么样，它就照出什么样；如果你充满爱意、友善、乐于助人，那么世界同样展现给你爱意、友善、乐于助人。给予是一种创造的行为。当你给予别人时，也觉得自己焕然一新了。当我给你写这封信时，圣诞节已悄然而至。这是我一年中最钟爱的节日。在这个短短的假期里，我们清点一下自己的钞票，不是去考虑自己的经济是否受损，而是在盘算我们能给予别人多少。这个季节我们是要让别人开心，并在他们的幸福中找到自己的快乐。这是多么简单的事情，可又多么容易被人遗忘。

我认为我已经清楚了挣钱和花钱有着密切的关系，早在我二十岁时我就开始为我一生的财务收支制订了一个计划，关于挣钱、花费，还有捐助，我清楚地记得我一生的财务计划（如果我能这样称呼它的话）是在何时形成的。那是在俄亥俄州参加一位上了年纪的可敬的牧师主持的礼拜上。他在布道中说：“要去挣钱，光明磊落地挣，然后明智地花出去。”我把这句话记在了一个小本子上。

这句话和约翰·卫斯理的名言不谋而合："'能挣钱'者和'能省钱'者若同时又是'能给予者'，便能获得更多的神恩。"我想把自己所挣来的金钱用来及时行善，始终热心地帮助他人，是唯一可以证明我金钱清白的依据。我认为既然上帝给了我看护这些财富的许可，那他一定知道我将把这些钱返还给社会。

约翰，给予是人类最美好、最有益的行为之一。它有一种神奇的力量，可以使一颗最沉重的心变得温暖和快乐起来。真正的给予，不论是金钱、时间、关心或是其他，都会让我们敞开自己的心灵。它使给予者生活得充实，使接受者感觉到温暖，某种新鲜的东西从原本荒芜的大地上生长出来。

要真正明白并且牢牢记住这个道理并非一件容易的事情。我们本能地把生活建立在获取的基础上，我们把不断积累看作一种保护自己和家人的方法，或是把获得金钱作为为社会勤奋工作的回报。渐渐地，我们在自己周围筑起了壁垒，使给予变成了一种经济上的交易——我给了别人就减少了自己的所有——所以即使是微不足道的付出也要首先衡量我们自身的利益。

即使在我们敞开心灵给予他人时，我们通常还是在寻求别人的注目和称赞，因为我们的心灵期待着给予后获得表扬，而不是单纯的为他人服务的喜悦。我们成了自身利益的囚徒，看不到真正的成长和幸福实际上是可以通过我们一直抵制的东西获得的。冲破这种束缚的唯一途径就是给予别人而不计较回报。

其实，给予是一种创造的行为。当你给予别人时，也觉得自己焕然一新了。两个刚刚还在为一己私利苦恼的人突然走到一起共同解决一个问题，温暖和快乐就会产生。他们的善行创造了一个小小的奇迹，好像整个世界都扩展了。

你千万不要低估这种奇迹的力量。太多的人只想做大事，想成为圣母特雷莎或阿尔伯特·施韦策，甚至圣诞老人。他们没想到其实你只需要轻轻地开启你的心灵，我们随时可以向任何人给予。

亲身去体会一下吧。试着去做一件小事：向从未被大家注意过的人问声好；拜访你的邻居，主动提议帮他整理草坪；看到别人车胎坏了，停下来过去帮忙。或者再扩大一些范围：买一束鲜花送去养老院；从口袋里拿出十美元给街上的乞丐，要面带微笑，步履轻盈，不是出于怜悯，只是微笑着递给他，然后走开。

渐渐地，你就会逐渐明白什么叫作奇迹。你会看到卸去铠甲的心灵、真诚愉快的笑容，你会发现前所未有的人格力量，也开始理解人类的共性，而不是那些将我们分隔的东西。不久你就会发现我们拥有制造幸福与快乐的力量，付出一点关心和热情只是举手之劳。你将明白我们有力量通过分享开启他人心灵的善良之门。

最重要的是，你还会找到志同道合的其他一些奉献者。不论你生活在哪里，或在外旅行，不管你是否能听懂他们的语言、知道他们的姓名，你都会成为他们中的一员。因为你们能认出对方，你会从那些小小的善举中认识他们，他们也会这样了解你。你们会成为相识，互相拥抱。你会成为善良人中的一员，相互信任，相互依存，并勇于揭示人性中最柔软的一面。

一旦成为奉献者，你将永远不会孤独。

我不知道你是否注意到，那些自觉帮助别人的人在遇到困难时都不会孤立无援，就好像变魔术一样，一定会有人在那里帮助他，来“回报爱心”。善行会带动善行，善良总是吸引善良，这是世界上最强大的连锁反应之一。我们每个人每天都有能力去做一些善事，不必到远处去寻找需要帮助的人。实际上，可能在我们的隔壁就有这样的人，只需要一句安慰的话或者一个很小的举动就可以帮助他们度过一天。

但是，对于好人的回报很少能像故事中那么富有戏剧性并赢得公众的崇拜，实际上也应该如此。帮助、分享和给予的回报应该是非常平静的个人心灵的感受：你做了一件让自己成为更好的人的事，这使你更像自己。在我看来，如果期望自己由于做了好事而受到感谢和公众的注意，会有损于这一行为的真实性。

在我看来，我们这个时代的无名英雄是那些为了社会进步而无私奉献的人。每一次你收到非洲马里的那个女孩——她是你通过美国收养儿童计划领养的女儿——的来信，我都能在你脸上看到幸福的光彩。

最高尚的行为是在个人条件最艰苦的时候做出的。换句话说，在我们最需要安慰的时候去安慰别人，在自己痛苦的时候去减轻别人的痛苦，或者在我们几乎不能负担的时候仍然给予和分享，这是最值得我们去做的。

正如十九世纪的诗人菲利普·詹姆士·贝力所说：“行动能证明我们的存在，而不是时间。”所以，继续向世界奉献你的爱心吧。也希望美好的事情能够以“爱心回报的方式”在你身上发生。

爱你的父亲

几乎所有的商业，都需要三种人

亲爱的小约翰：

上次回家你因为我不同意你制订的投资新计划，而赌气走了，所以我觉得我们有必要进行一下沟通。

你说你的两个朋友——怀特和查理想让你同他们合伙投资一项新产业。你认为这是一宗赚钱的大买卖而跃跃欲试。在此，我想以一名老实业家的观点向你说明投资一项新产业并不是如你想象的那么简单，它需要你慎重再慎重，必须充分估计合伙经营可能出现的种种情况，因此，我希望你重新审视这一投机事业。

我知道怀特和查理，他们既是你的大学同学，又是你们棒球队的队员，对吧？他们想和你一起投资大型的建材设备服务，据说利润是相当惊人的。约翰，你能够想着去投资是一种好现象，但是在投资前一定要选择好投资的目标，你不觉得投资大型的建材设备服务离我们的行业太远吗？俗话说："隔行如隔山。"迄今为止，我们从来没有涉足过这一行业，是不是有点太冒险了？

约翰，你善于信任你的伙伴是没有错的，可你有没有想过他们为什么找你合伙呢，而且一共只有你们三个人？事情并非那么简单，如果我没猜错的话，他们之所以把你拉去合伙投资，似乎是因为你跟我在一起，生意干得很红火。如果是这样那么就很容易推测，你的朋友为了他们自己新的事业得到后援，而期待着把我们的利益分流到他们那里。

我说这些并不是认为合伙经营没有什么好处，但是，约翰，你必须首先搞明白什么是合作。合作是所有组合式的开始，这一过程必须具备三个要素：专心、合作、协调。只是简单地把人组织起来，并不能保证一定能获得杰出的成功。一个良好的组织包含的人才中，每一个人都要能够提供这个团体其他成员所未拥有的特殊才能。

好的合作伙伴是成功的一半，错误的伙伴——工作上的或个人的——或许比没有伙伴更糟。最佳拍档的价值等同于黄金的重量。不过，有时候，恐惧会阻止我们去寻找最佳拍档。因为许多人担心他们必须与别人分享利益、决策权，以及随着计划或生意而带来的特权。害怕的态度当然不可能允许我们去做这种事。我们必须克服这个恐惧，因为组合一对胜利拍档会更符合我们的利益。

决定一个合作伙伴是否适合我们，要考虑几个重要的因素。如果合作伙伴中的成员大致都在做同样的事，那么，不可避免地会有这样的情况出现，其中一个人比另外一个人更辛苦也更投入。那么，更辛苦也更投入的那个会憎恨自己老拉着另一个人前进，同样地，被拉着走的那一方也会憎恨另一个人的催促，如果是这样的话，他们就算不上是最佳拍档。例如，两位辩护律师联合组建法律事务所，到了年底，他们彼此都可能怀疑自己从合伙关系上没得到什么好处，毕竟，每一方都有做对方工作的能力。但是，如果一位辩护律师与一位公司律师合伙，通常，到年底的时候每一个人都会说："感谢老天给了我一个合伙人——要是没有他，我真不知道该怎么办。"

通过这个例子，可以看出比较理想的模式是，每个伙伴最好可以提供不同的专业技术和贡献。比如：一个擅长细节的计划，另一个擅长促销和公开演讲；一个擅长推销，另一个擅长内部机制的管理和质量监督。一对好的拍档就好比一桩天作之合的姻缘——必须小心挑选。如果我们能够真正做到结合正确的技术、工作伦理和视野，我们就可以组织一对最佳拍档。

几乎在所有的商业范围内，至少需要以下三种人才——采购员、销售员以及熟悉财务的人员。当这三种人互相协调，并进行合作后，他们将通过合作的方式，使他们自己获得个人所无法拥有的强大力量。

许多商业活动之所以失败，主要是因为这些商业所拥有的，是清一色的销售人才、财务人才，或采购人才。你呢，约翰，你认为你们是最佳拍档吗？还有，约翰，你预备在这项事业中充当什么角色呢？

你只是持股人，你为他们提供资金，那就是说你是一个旁观者喽，他们使用你的资金而你却是一个旁观者。约翰，你很清楚，新从事的产业并非属于我们原有的行业范围，而怀特与他那些理科出身的朋友们和你一样缺乏经验，如果根本不用借助产业界的经验与锻炼而只是本能地了解产业经营的方法，你们可能是这类天才中的几位。可是我认为这种可能性实在是太小了。

你想想看，你是三位同等资格的合伙经营者中的一位，你仅仅是出钱的，而怀特、查理一开始都会为事业付出努力，谁都会全身心地投入。可是随着时间的推移，你们三个人当中将有一位或两位会在半路就失去兴趣，这种现象是很普遍的。在事业成功的时候也会如此，没有任何回避的办法。一旦进展非常困难，他们每天都必须多花上七八个小时的工作时，这种重负会把某些人的身子压垮，其最终的景象将惨不忍睹。

“约翰这小子日子如此逍遥，每天花上两小时掏出一百美元去享受午餐，可是我们每天却像老黄牛一样吭哧吭哧地干活，这也有点太不平等了。”

“干吗今晚非得加班不可呢？大伙不是都玩儿去了吗？我挣的一美元有三分之二给了他人，我何苦为了那三分之一的钱而折磨自己呢？”

接下来就是对你万分的不满。“为什么那小子要从我们所挣的每一美元中抽走三分之一呢，他可是什么活也没干！”

人是很容易淡忘的，启动公司时你在资金方面的贡献，并没有使他们对你充满感激，在经营者们的脑海中，一直想着的是这样的事实：“你今天为我们的公司干了什么？”

约翰，在进行合伙经营之前，你必须考虑清楚费用、不可不付出的牺牲，以及必须忍耐长时间的乏味的工作这一现实，还要觉察到困难，等等。如果你下定决心要自立于这项新的冒险产业的话，我期望你能够取得成功。

在我看来，在通往成功的道路上有许多诱惑的停车站，我会尽力抵制诱惑，是的，诱惑必然伴随着失败，否则，诱惑就是每注必赢的赌注了。

爱你的父亲

如何管理好个人的资金

亲爱的小约翰：

也许你会觉得我的这种方式有些无聊、可笑，有什么事情不能当面说清楚，而我却非要用信件这一间接的表达方式呢?但我想你是无法理解的。

昨晚，当你说要向我借一千美元来度过这两个月的时候，我真的十分惊讶，作为我们这个上亿资产的庞大公司下面一个分公司的销售经理，你操纵着公司的预算、每月的财务报表与资金分配，在这一要职上的你，竟说什么现在“一文不名”，这让我很是感到意外，在我看来你还不至于一文不名吧，但你竟对我说“我手头很紧”。作为你的父亲，我觉得有必要向你谈谈如何管理好个人资金的问题。

你作为一位大公司的销售经理，私人花销比常人多一些是正常的，但我没有想到的是你手头会“紧”到要向你父亲借钱的地步。你已经具备了管理大企业的才华，但你怎么就不具备管理好自己钱包的能力呢?你对这一情形多少应感到一些羞愧，但你也不要过度自责，毕竟这种事也不只限于你一人。

我认识一类人，他们的年收入平均在三万美元左右，少至一万美元，多的达五十万美元，但是无论他们赚的钱是多还是少，却总是手头拮据，到了年终也没有什么积蓄。要知道，人可以赚很多钱，同样也有多种途径花很多钱。而这些花很多钱的人都有一个通病，那就是他们在设计所有的理财计划时目光短浅。花钱对于他们而言，从来就是漫无目的的，因此收入再高也是处于“破产的边缘”。

许多人最容易犯的错误就是他们常常在扣除所得税之前的工资总额面前迷糊，要想避免这一错误，那么你就应该全部忘掉税前的工资，而把意识集中于税后的净收入。把按月开支的必要经费从所剩的月收入中减除，剩下的部分才是可以自由支配的金钱。而这剩余部分，可以有两种处理方式：一是全部花掉，二是储蓄一部分。一般来讲，每月必有的花销有房租，以及分期付款的住宅还贷、水电费、伙食费等，这些都是必要经费，而那些麻烦的支出，大致就不是必要经费了。如果你能够真正地划分好自己的资金，也许就能够用钱有度了。

另外，你还要学会克制自己花钱的欲望。一旦你发现自己偏好某些“欲望”，就要马上根除刺激的来源，把围绕物欲方面的话题转到谈论创意和新的想法上来。在许多现代人的便利条件中，对多数而言，有一种是值得诅咒的，那便是信用购物，它是导致冲动性购物的原因，使得每个人都可能会犯消费过剩这种不该犯的毛病，且次数会不断增多。买方正是被一些小业主利用了他们的购物冲动性来进行消费，所谓“信用购物”就是卖方劝诱我们去花钱，继续花钱，直到消费过剩为止。

有一种方法可以预防过度消费，你不妨尝试一下，即将一周之内可以使用的现金带在身上再上街，但是你必须停止所有信用购物项目，仅用现金来维持日常消费。拿着现金去娱乐，有现金才去购物，其实也没有什么不对的。拿现金去消费，与当今社会中动不动就将人不知不觉地引向破产的信用制度相比较，破产的程度就会大大降低，我想这是不争的事实。

作为一个男人，你应该避免为打发时间而到商场去闲逛。

并且少看那些令人眼花缭乱的广告，减少不必要的购物欲望，如此一来，你会觉得自己的心思已不在物质上，而专注于一些更为持久的事物上，那么你也同样会节省许多开支。

你现在总说由于你的支出太多而令你无比头痛，但是如果我问你的钱都花在了哪些方面，相信你肯定会回答不记得，其实真正的大笔支出必须作为大问题而加以重视。毫无疑问，在商界的发展中，你是一个不折不扣的成功者，但是不可避免的问题是随着事业的成功，一些物质上的排场也会随之纷至沓来。

我在报纸上看到过一篇文章，主要是一位专家对当前一些成功者的花费方向的研究，我想你肯定能够在其中找到自己的影子：三分之二的成功者拥有真迹名画；几近半数的成功者拥有古董；百分之三十五的成功者拥有两幢房子；十分之三的成功者至少拥有三部大小车辆；百分之十五的成功者在自家后院建有游泳池；百分之十三的成功者拥有一间游戏房；十分之一的成功者拥有一艘私家汽艇；百分之二的成功者建有一个网球场；百分之一的成功者拥有室内球场。你符合其中的几项呢?

当然，我们对金钱、物质和成功三者之间的关系，必须有一个内在均衡的看法。而大部分成就非凡的人士都认为金钱不是判定他们成功与否的重要标志，高收入被视为成功的副产品，并非成功的原因。有一点你一定要牢记，财富并不是指你可以赚，并且拥有多少钱，而是你赚的钱可以让你过上什么样的日子。或许这并没有什么差别，因为你会认为你赚钱越多，就可以负担更多一些别人无法负担的东西，而你的生活也会越来越美好。

但实际上并不是这样，你会发现，赚得越多消费也越多，负担就会越重，付出的也就更多，这一点不用我说你也应该深有体会。如果你要拥有财富，第一件事就是要先学会如何依自己的意愿去生活，也就是如何把握你的开销，若你赚五百美元花三百美元的话，会带给你满足感；但相反，如果你赚五百美元却要花六百美元，那么生活就会悲惨起来。我的意思是，当你开销大于收入的时候，就表示你的生活将要出现麻烦了。

我再来谈一谈有关你的银行户头的问题，存款主要有两个用途：第一是为了支付无法预期的支出，比如家里的冰柜因为年久失修无法再使用；另一方面是支付那些不需要每天支付但却需要按年支付的资金，诸如固定资产税、所得税的年末申报上缴部分、你孩子的学费等等较大的开支。因此为了有备无患，应该在每月的薪水中计算一下存入银行户头的金额应该是多少，用来付讫分期付款的住宅的支出是多少。为此你必须非常老实地攒钱，这些存款就是固定开支，你绝对不可以将其挪作他用了，用来支付随时送来的账单。

由于你现在还年轻，你可能还不习惯这一观念，即考虑一个六十多岁的人考虑的事情。但当我还像你这么年轻时，就决心对房产进行投资了。而现在，考虑到年老后如何生活的年轻人实在是不多了。他们在退休之后卖掉地产，迁移到容易管理的、费用较少的公寓去，生活费的来源则靠卖房子所得金额的利息就可以了。那个时候，他们的孩子都已经长大成人，因此家中所需的空间也不用太多。年老的人没必要再为房子扫雪，赋闲时敞开家门也不用担心什么，这确实是有先见之明，实在算是精细的资金计划成果。

那为何住宅是最好的投资呢？按照现行的税制，房产跟其他的投资不同，购买房子时派生出的资本利润无须纳税，它是第二种银行户头，通过还清分期偿还的借款，或者通过物价上升后产生的买入价与市场价之间的差异，它所带的家庭净收入就会大幅上升。为了比较得更清楚，最好调查一下必须纳税的投资的利润率，扣除税金一看，你会看到实际纯利润率小得如此可怜，这的确有着太大的不同。而且投资于房产，你还可以在你拥有它的时候充分地去享受它。其中的美不胜收与温馨宜人，只有你身临其境时才可以体会得到。

还有一点，我认为在你支出中占很大份额的应当是类似于生命保险之类每年支付一次的大的支出。当你万一被生活逐出正轨时，你就知道生命保险金的重要性了，这可以保证你的一家人不需要靠救济金生活。最好还要考虑一下生育培养孩子所需要的经费。这将是一大笔钱。即使你不在世，这笔钱也是必需的。

你现在管理着一个大公司，应该会计算必须支付的生命保险金，最好像我一样，选择普通终身保险开销低于收入的生活，可以避免出现堆积如山的债务问题，如果没有控制开销的概念，那么花钱就真的像流水一样。

我想你会注意到当前一大部分年轻人，忍耐不了把钱放在银行里或者家里。他们常常会用这些钱到南方去过一个暖暖的冬季，买两辆新款的汽车，每逢周末去豪华的餐厅享受——一旦他们不如此，就会觉得不开心。所以，他们像上了毒瘾一样，周密地制订计划，将这类美事纳入预算当中，可是他们却不知道这样计划是错误的理财方法。

如果你要财富源源不断的话，就要不断地去建构它，虽然控制开销不能让你一夜之间或一年之内就致富，但它所建构的是你未来的财富，它确保你能够更好地照顾你的家人，使你远离债务的烦恼，你就可以慢慢地，但是肯定会积累出可以创造更多财富的资产，同时你也可以去细细地品味生活的乐趣。

许多人认为自己的命运早已经被上帝安排好，谁也无法改变了，其实错了!命运是由自己控制的，具体而言就是你每天的生活，只有你自己才有能力去改变它。人们常常会后悔，因为他们想要更多的金钱，以为这样就能够随心所欲，更加快乐，现实恰恰相反。

我作为你的父亲，没有权利调查你的钱的用途，我也从来没有想到过这样去做，现在你向我借钱，我想这是需要一定程度上的保证的。一千美元按每年百分之二十的利息供给你，按每周五十美元预先从工资收入中扣除，我已经把这个意思明确地写了下来，希望你签字认可。或许你会说我过于严厉，但是从今以后，当你为付清“预想不到的花费”而想借款时，恐怕这样的条件还不够吧!

爱你的父亲

要与银行保持长期的信任关系

亲爱的小约翰：

最近，你跟巴特行长之间闹得有点很不愉快，听说你甚至赌气说我们不需要华尔街的支持。我想你错了，孩子。我们公司目前的情况可能不需要更多的流动资金，可是你知道吗？资金对我们来说太重要了。信誉是商人的生命，讲信用的人处处可以得到银行的资助，而不讲信用的人，银行不会给他一个子儿。

当年我辞职后为筹建自己的公司四处找钱，可是没有一个银行愿意借给一个没有任何担保的年轻人，他们认为这是一件冒险的事。当我正为筹钱苦恼时，你的祖父告诉我，他自己一直想等每个孩子到二十一岁时给他一千美元，而现在决定提前给我。“不过，约翰，”因为怕我喜出望外，他又说，“利息是百分之十。”

但我对你祖父了如指掌，根本不指望白拿钱，便接受了这笔高出当时市面利率的一分利贷款。也许有的人会替我喊冤，而且纳闷，我为什么会接受如此刻薄的条件？不过我太了解克利夫兰借款和贷款的形势了，虽然从为人的角度讲我十分值得信赖，但是我的手上没有什么筹码，也就是说我是一个没什么身家的人。对于这样的人，如果他找不到一个有钱有势的人为他做担保，没有人会愿意把钱借给他的。在克利夫兰肯为我做担保的人太少了，你祖父就是其中一个，那么我何苦舍近求远呢？倒不如直接向你祖父借钱来得痛快。而且以我对我自己父亲的了解，他最多是向我玩弄一下他那些过度的老谋深算，反正向他借钱不需要担保，我何乐而不为？

总之一切就绪，资金到位之后，一切开始运转起来了。新公司生意出奇的好，把我们两个合伙人乐坏了。可是过不多久，老的问题又出现了——我们还是需要大量资金。我不得不再次求助于银行。

那段时间，我辛苦地奔波于银行与私人金融家之间，我的行为终究没有白费，我得到了第一笔来自外人的贷款，这笔贷款来自一位名叫楚曼·汉迪的和蔼仁慈的老银行家，对方同意用仓库收条作为附属抵押物。

约翰·D.洛克菲勒和儿孙在一起

我拿到这笔两千美元的贷款后，走在街上就像腾云驾雾似的。"想想吧，"我在心里说，"银行居然借给了我两千块钱！我觉得我在这一带已经有地位了。"汉迪让我发誓，决不用这笔钱去做投机生意，我感觉到，自己在克利夫兰金融界结识了第二位对我影响匪浅的良师益友。严肃正派的汉迪除了是一家银行的总经理之外，还担任一所教会学校的校长，他是从艾萨克·林伊特那里打听到我的品行和生活习惯的。

我意识到，一个人的信誉等级取决于他品行的可靠程度，而我在伊利大街浸礼会布道教堂里的骨干地位则使我博得了各家银行的青睐。看来在商业贸易中，一个人的信誉绝对是最重要的。

我记得以前曾有一段时间，我们的公司老是没有足够的车皮来装运面粉、谷物和猪肉，这是一个不仅现在而且以后也将困扰我们的问题，于是我就经常缠着一位铁路官员不放，弄得那个年龄比我大的人忍无可忍，用手指着我厉声说道："小伙子，我要你明白，别把我当成是替你跑腿的！"

而与此同时，我们公司最好的客户逼我违反传统的行业惯例，在拿到提单之前就把钱交给他。我没有答应，但又不想失掉这个客户。结果他朝我大发雷霆，到头来我还得再丢一回脸，向合伙人承认我没留住那个客户。直到最近我才得知，那人不讲理的做法原来是当地一家银行设下的陷阱，想考验一下这个年轻人能否经得起诱惑，坚持一贯的原则。看来现在我应该已经在克利夫兰树立了守信用的真正的好名声，这个名声比任何有钱人或官员的担保都更有价值。

后来，我成了俄亥俄州银行的董事。这对我个人来说其实并不意味着什么，因为我几乎没有时间去讨好那些古板守旧的银行董事们，也没有精力把那些社交的繁文缛节放在心上。对于那些董事会议，我一开始还是去参加的，几个上了年纪的绅士一本正经地围坐在桌子旁热烈地讨论由于用新型金库锁而引发的问题。这本身没什么不对的，可我是个忙人，即使在那种时候也不能闲着，实在没工夫去开那种会。

但我必须承认的是，成为这样的董事与以前成为一家火灾保险公司的董事一样，可以使我更轻易地获得我所需要的资金，而不必像以前那样，以一个有求于人的弱者身份出现。要知道，要想为大有进展的工商企业谋求资金是一件多么困难的事，难得几乎不能想象。如果我曾经落到几乎卑躬屈膝的地步，那就一定是因为我要不断向银行家告贷。在一开始，我们不得不去求助于银行——几乎是跪着去的——为我们提供资金和贷款。在和银行打交道时，我总是在谨慎与冒险之间来回徘徊，我常常在上床时担心自己如何偿还庞大的贷款，睡了一夜后又来了精神，决定再去借更多的钱。

南北战争之后发行了新的绿色纸币，建立了全国性的银行系统，大量发放贷款来刺激战后经济的发展。我在很大程度上就是靠贷款支撑的，我在杜鲁门·汉迪和其他克利夫兰银行家那里借到了巨额贷款，因为他们信任格外有前途的青年企业家。我要让他们知道我是一个正在崛起的新星，使他们觉得藐视我就会自食恶果。

一天，我去找一位名叫威廉·奥蒂斯的银行家，此人曾经允许我借到最大限额的贷款。这一回，银行的部分董事表示担忧：洛克菲勒是不是又来说贷款的事？“我在任何时候都很乐意展示我的偿还能力，”我回答道，“下个星期我需要更多的钱。我可以把我的企业交给你们银行。我很快就会搞到一大笔钱去投资。”

于是，我取得了他们的信任并且与他们建立了良好的合作关系。在这样一个时代，要在贷款方面取得成功，就一定要懂得如何去安抚神经紧张的债主，基本做法之一就是借钱时从不显得过于急切。我记这样一件事情：一天，我一边在街上走着一边琢磨如何借到一万五千美元急着要用的钱，当地一位银行家把马车停在我身边，出乎意料地问道："你想不想用五万块钱，洛克菲勒先生?"我当时真想马上答应，因为我几乎抑制不住兴奋想跳起来了。但我还是稳住了自己，反复打量了对方的脸之后慢条斯理地说："您能给我二十四小时考虑一下吗?"我认为，正是这样一磨蹭使他以最有利于我的条件达成了借款协议。

取得信任的最好方法是使自己在性格上堪称楷模，对这一点我是很自信的，特别是在浸礼会派企业家当中，更是如此。此外，还有一些东西是必须坚持的，那是让银行家们对我深信不疑的东西，换句话说，我的做人原则让我值得信任。例如，我在陈述事实时坚持讲真话，讨论问题时从不捏造或含糊其辞，而且我会迅速地还账。

我不得不承认，在我创业之初，银行家们不知有多少次把我从难以翻身的危机中解救出来。有一回，由于我的一个炼油厂失火，还没有获得保险公司的赔偿，一家银行的董事们在是否给我追加贷款的问题上犹豫不决。

这时，银行的斯蒂尔曼·维特董事挺身相助，让一个职员拿来他自己的保险箱，把手一挥说道："听着，先生们，这些年轻人都是好样的。如果他们想借更多的钱，我要求本银行毫不犹豫地借给他们。如果你们想更保险一点，这里就有。想拿多少就拿多少。"

我由衷地感谢斯蒂尔曼·维特先生对我的帮助，他的话以及他的行动使我得到了更多的信任和支持。由衷地感谢上帝，让我一次又一次地渡过难关。

每一次投入战斗，都必须有雄厚的资金支持才行，否则是无法取得成功的。我努力保证我的手里总是拥有足够的备用金，因为就凭那些无比雄厚的资金，我就可以在许多竞争场合取得胜利。我还清楚地记得我有一次在危急之中得到银行的鼎力相助，迅速买下一家炼油厂的经过：

这事需要好几十万——而且要现款，证券行不通。我大约是在中午时分得到的消息，还得赶上三点那班火车。我跑了一家又一家的银行，请求我第一个见到的人——不管是总裁还是出纳——能弄到多少就为我准备多少，告诉他们过一会儿就来提钱。我跑遍了城里所有的银行，接着又跑第二圈去取钱，一直跑到弄到足够的数目为止。我带着这笔钱上了三点的火车，做成了那笔买卖。

这件事让我更深地明白，要在紧急的关头处理好问题，必须在平时同各大银行保持长期的信任关系。

爱你的父亲

同时经营几家公司而又有闲暇的秘诀

亲爱的小约翰：

听你妻子说，最近一连四个星期，你一直很晚回家，你为公司的一项没有得到充分实施的顾客服务项目分析和策划可能的改善方面及其方法，准备调查报告，每天都工作到很晚。我知道这是一项关系到公司的生存，为之奠定基础的极其重要的调查。你的工作热情应该是值得肯定的，但是不知你是否真正搞清楚了自己的职责。

事实上，其他公司的管理者也与你一样越来越忙，常常是从早忙到晚，节假日也不休息。然而部下的责任心似乎越来越差，他们缺乏工作激情，造成整个公司的工作效率日渐低下。这种现象的发生，你不觉得其中有问题吗？当你忙不过来的时候，你是不是做了许多部下该做的事情？你不是战士，而是战士们的元帅，你应该学会领导而不是管理，应该给部下发展的空间，让其纵横驰骋。这就是如何进行有效授权的问题，也是摆在众多领导面前的一个突出的难题。

约翰，不知有多少次别人问我："怎么做才能同时经营几家公司，还能让自己拥有两个月的休假，开着家用小车去享受大自然的乐趣呢？"我的回答总是同样的一句话："要学会把日常的业务委托给非常能干的管理人员。"

大概你会说这是简单的回答。的确是简单的回答。可是，事业的经营者能够把自己的工作委托给他人，训练自己的部下，使其提高工作能力的现象，是非常少见的。为什么太多的人不愿意把工作委托给部下呢？这对于我来说是个谜。是不信任他们？还仅仅是觉得职工愚蠢？还是害怕别人干的工作比自己好？大概后者是主要的理由。“因为他大概比自己还能干”，所以具有把某项工作委托给某人的勇气的人是很少的。

根据这一情况，我不得不下这样的结论：一个不能把工作委托给部下或不想委托给部下的经理，肯定是对自己是否有能力担任经理职务而感到惶惑不安。在我们的公司，如果有这样的经理，那么就是失职。每逢这样的经理失败于培养部下时，事业的基础就受到了腐蚀。

作为领导者的我们应该抓住每个机会给别人鼓励，对他们加以提拔重用。一个人能给予别人的最珍贵的礼物就是温柔的鼓励，生命中没有比与别人共同分享快乐更快乐的事了。通过对管理者的工作盘点，我们可以发现，主管百分之八十的工作都是可以授权的。他只需做事关乎公司生死存亡的百分之二十的工作即可。具体包括：企业战略决策、重要目标下达、人事的奖惩权、发展和培养部属等。其他可以授权的百分之八十的工作主要有：日常事务性工作、具体业务性工作、专业技术性工作、可以代表其身份出席的工作、一般客户接待等等。因此，作为一个管理者在授权时，必须对自己的职位职责有一个明确划分，按照责任大小把工作分类排队，自己只做最重要的工作就行了，其他的都可以授权。

需要着重说明的是：无论授权到何种程度，有一种东西你是无法下放的，那就是责任。如果管理者把责任都下放的话，那只能说他是退位而不是放权。各级主管在此常犯的错误就是：授权时他以为责任同权利一起交给部属了，当部属无法完成指派的任务时，他会追究部下责任。授权只能意味着责任的加大，不仅对自己，更要对部下的工作绩效负全部责任。

其实，这些管理理论你都懂，你的这份报告已经让秘书写了好几次都不行，你觉得很耽误时间，所以你决定自己写！这也是我想和你说的问题，写重要报告的时候，为了慎重起见，要确认五个阶段的程序。首先，目的的设定——这份报告要弄清楚的是哪一点；其次，为了得出与目的吻合的结论需要什么样的情报，该怎样调查和选择？接着，实际收集必要的情报；再次，为了能正确分析，应系统地整理处理过的资料；最后，得出目的结论的最后分析。

高明的职权委任的第一原则，是对于部下的能力、野心和欲望进行细致的评价。一般人，如果你给他机会，他所取得的优秀成绩，会让你大吃一惊。并且在接受新任务的那一天，一定信心十足。在企业界最令人高兴的不是提薪，而是自己的能力得到重视，被授予能够引起热情的任务。当你知道接受新任务的部下干得很出色时，你的喜悦也许是另外的问题。

如果把重要的工作交给部下，你就应该给予指点。为了使坚强的有能力的管理人员和忠实可靠的部下合为一体，作为坚实的基础，就需要指点。在实业界获得巨大成功的人，常常是极其优秀的教师。当优秀教师，就是要支持和鼓励他们，耐心地、尽可能地引导学生的潜在能力。

决定人选，完成训练计划之后，作为努力的成果，至少有一部分工作将由新人去干。能否带来最后的成功，关键在于新分配的任务的整个管理系统能否发展。希望你能经常通过新的情报尽早地发现问题，及时纠正错误，这意味着确立你和你的部下之间的联络方法。最重要的是你要有信心，相信他们能完成新的任务，并在实际上为你完成任务，你的新任务就是支持他们，使他们能够克服困难。

约翰，你的工作只是向最优秀的人才提供最合适的机遇、最有效的资源配置而已。交流思想、分配资源，然后让他们放手去干——这就是你的工作实质。“管理得少”就是“管理得好”，或者反过来说也一样：“管理得好”就是“管理得少”。这是一种境界，是一种依托企业谋略、企业文化而建立的至高的经营平台。

要“管得少”，又要“管得住”，就必须进行合理的委任与授权。事必躬亲导致的结果一是效率低下，二是整个公司失去工作积极性。因此必须通过合理授权，使公司所有成员有充分发挥自己能力的平台，在必要的指导和监督下，你要信任你的部下，赋予部下相应的权利，鼓励他们独立完成工作。

建设事业或者公司的某个部门，就像从上面建起金字塔一样。你是顶部的石块，在你的下面能够有多少层坚实基石，就看你选择、训练、依赖、监督或者晋升部下的能力了。许多经理都不理解这一点，生怕提拔部下后自己的地位受到威胁，这是最令人遗憾的。你的情况怎样我不知道，但是我对自己的金字塔的基石是很有把握的，晚上可以安心地睡觉。

大约在公元前两千六百年，埃及的斯内夫鲁王第一个真正地建起了金字塔。然而，继承他的遗志建起理想的金字塔——吉萨金字塔的是他的继承者胡夫。希望你继续建设你的金字塔，并且像胡夫王那样，把它建成一个理想的金字塔。

爱你的父亲

确立“公司里没有不称职的人”的人才观

亲爱的小约翰：

你对我的突然来访似乎很是吃惊，因为今天我突然有一种特别的想法，可以说是突发奇想，于是我穿上多年未穿的工作服，去了我许久未去的公司，或许这只是我无意识的行为，而结果却令我不甚满意。

我刚走进大厦时，得到了许多老员工的问候，没让我觉得有失落感，而我又习惯性地来到了你的办公室，由于我事先并没有通知你，因此我的到来让你感到无比惊讶。

你问了我对公司的感觉，我想，你的成绩还是能够让我满意的，至少工作有序，井井有条，与我在这里时情况没什么两样。然而当我询问维奇的情况时，你告诉了我维奇辞职的结果，这让我有些诧异，要知道把一个职员培养到能够上岗工作，得花费多少资金啊！你怎么能轻易地让一个职员辞职呢？职务不同费用也各有多寡，因此，为了最大限度地提高经营效率，必须将离职率保持在最低水平。若是不断辞退刚刚训练完毕的职员，那么训练职员这一项就会占去公司的一大部分利益。因而为了维护部下的士气，创造一个良好的气氛，也是必要条件之一。

约翰，根据你所说的情况，可以看出你是他辞职的主要原因，由于你的每一个方案都会遭到他的反对，几次下来，你就开始无法忍受这样的部下，于是你们两个发生争吵，两天后维奇便交了辞职信。这件事的发生，使我很自然地又想起了这句话：人生的信条不仅仅是“互相原谅”，而且还应该是“互相理解”；小小的善意超过对所有人的热爱，不原谅别人的人也就等于断送了自己的路。

你也知道，维奇已经在我们公司干了十三年，他忠于职守，勤劳能干，这一点谁都不用产生怀疑，当然不可否认他有时也会有稍微出格的行为，但我认为这些与他的优点相比都是次要的，我通常也都不去理会，而你居然评价他是“一条暗藏的毒蛇准备随时随地乘人不备时咬上一口”，这一点我不敢苟同。

还在我直接管理公司的销售部门时，他虽然有些方面有点古怪，却是一个十分称职的职员。难道就是因为他的怪脾气引起了你的反感，导致你们反目为仇？当初，我也担心脾气不好会影响工作，以至于走向失败，于是，我对他的脾气进行了认真的调查，同时我也有意地观察我们周围的一切，却发现了一个饶有趣味的现象。

在广漠的宇宙间，虽然有这么多的人，可是却不存在有两个人的想法是一模一样的现象。我们不仅外表不同，而且想法也各异，这件事情本身就说明造物主的造物技巧是何等卓越。然而，令人吃惊的是，我们却无视这种差异，总是忙着去缔结婚姻、怀着一颗爱心养育子孙、与朋友交往、雇用快乐能干的职员。

事实的确如此，在企业运营过程中，在对待下属员工方面，千万要记住，不管我喜欢他的个性也好，不喜欢也好，不管他的个性是乖戾、孤僻还是漫顺、柔和，都不必过多地考虑，而要把注意力集中到他的工作业绩及工作态度上。一个职员一天一次、两次还是一千次擤鼻涕都不成问题，只要不给他人造成麻烦、令人不快，或者是特别古怪的脾气，都不应该成为辞退他的理由。

在我们每个人身上，都存在着不少各式各样的甚至是特别古怪的癖好。即使如此，我们每天还是要碰头见面，肩并肩地一起协调工作，组建我们庞大的产业集团。当我们觉得他人的性格古怪时，一般来说只是看法或想法不同罢了，只是由于他们的人生观、生活观与自己不一样罢了。

因此，我们切忌用自己的标尺衡量员工，我们只要不去接触职工的内在癖好，或者不把它们当一回事，就能够组建我们的经营集团。如果领导者不这样去做，一个集团是无法成立的。要知道一点瑕疵都没有的职员是根本不存在的，包括所有人在内。

如果认真地考虑一下维奇先生辞职的理由，将会对你以后的用人方法大有益处。听你反映他的出格的脾气似乎怎么都不能让你称心如意。要知道我们是一个企业，个性是比智力更崇高的。日本的大松博文说过这样一句话："一个没有任何个性的人，只能做出一般的产品。只有在工作中发挥个性，才能有新的点子，找出新的方向。"维奇在我们公司工作了十三年，这期间没有一位其他的职员向我反映过对他的不满，这一事实应该敦促你不断地反省。

不可否认的是，也有那么一些人，他们总是与人搞对立，处处贻误公司的工作，而处理责备他们的时候，他们又变成了刺猬，一脚踩上去，让人们痛苦不堪，但维奇不是这样的人，或许，你并不真正了解一个企业家的用人心态，这种心态归结起来有以下四点。

首先，企业家只有确立“公司里没有不称职的人”的人才观，才能在用人上做到人尽其才。每一个人都是构成公司的重要的一块砖瓦，只是位置不同罢了。

只有在思想上、情感上把员工看作是人才，才能在行动中正确地使用人才。

其次，企业家在选拔、使用人才时，只有树立公正、民主的心态，才能招揽人才、人尽其才。总之，员工是宝贵的资源，不应将他们跟青砖红瓦、泥灰等建筑材料相同对待，也不可把他们当作机械一样对待。

再次，企业家在用人上只有具备“看人长处、容忍短处”的宽宏心态，才能调动所有人的积极性，因此，要想发挥人才效应，要具备七分看长处、三分看短处的心态。人在人格上虽然一律平等，但特质方面却各不相同，这是宇宙的真理。

最后，企业家还要有勇于任用仇人的用人心态。身为一个领导者，必须能够不受细节或感情的束缚，凡事包容。如此，才能招揽到各种人才，如果能更进一步地使这些人才适得其所，那么功效就更大了。

企业家在用人上还要有感恩的心态，才能选出真的可以将自己的才能完全贡献给公司的人才。

一位优秀的企业领导，假如能够把每个下属所擅长的方面有机地组织起来，就会给企业的发展带来整体效应。因此，力戒不能有效地调动每个下属的长处，是一位合格的企业领导的责任。换句话说，高明的领导者会趋利避害，用人之长，避人之短。如此一来，则人人可用，企业兴旺，无往而不利！

在一个人的身上，其才能有长处也有短处，用人就要用其长而不责备其短处。对偏才来说，更应当舍弃他的不足之处而用他的长处。

我不想去干预你的事业，我想，对于这些企业家的哲学，约翰，你还是欠缺得太多啊！

爱你的父亲

以积极的态度看待失败，允许员工犯错误

亲爱的小约翰：

约翰，谢谢你能够来圣玛丽医院探望我，不过你看起来心事重重；同时也谢谢你对我的信任，你把当前遇到的一些麻烦全部告诉了我。不过这是每个领导者都会遇到的难题。你的得力干将古里特递交了辞职报告，使你很是担心，你弄不明白为何会失去像他这么可贵的管理人员。况且两个月前布卢斯刚刚走，这就更加令你担忧。你觉得很有必要调查清楚他们离去的原因。

你不必为此着急，据我自身的经验来看，员工的离职主要有以下几种情况：有的人是为了改变生活环境而换工作；有的人是性格不稳，不能一直待在一个地方；还有很多人是为了追求理想的工作岗位而成了“为观念所强迫的人”。这些人不管去哪个公司都是来了就走的“候鸟”，对于公司来说，他们是时间和金钱的极大浪费者。

约翰，与员工相处需要高超的技巧，若想做一个好的管理者，更需要处理许多微妙的关系。你作为公司的首脑必须掌握职员跳槽的一切原因。在这个基础上，你要尽可能地消除公司里存在的跳槽动机，这样才能挽留踏实可信的部下和营造良好的工作环境。并且，你要积极支持职员的成长，完善他们的工作环境，提高他们的待遇。如果他们知道你已为他们的工作和生活尽了最大的努力，他们就会在打算跳槽时有所犹豫。

依我看，在工作中没有充实感——对报酬、公司所在地、上司等产生不满——常常成为员工跳槽的主要动机。如果干了

一天的工作，没有充实感的话，他们就会对第二天的工作没有多少兴趣和热情，这种状态是兔子尾巴长不了的。优秀的管理人员要学会观察，更要勤于观察，以免部下之间扩散不安定心态、厌倦感和不满情绪。最近出现了一个接一个的辞职现象，原因很可能在于你的管理不力，没有真正做到切实关心员工利益。

这是许多身居高位者常常忽略的事情，即忽视了与下属沟通思想。约翰，你应该每几个月征求一下部下的意见，问问他们对你平时的工作方法是否有不满意的地方，让他们具体谈谈在哪些方面有待改进和改善。许多优秀人才在没有说出自己的意见，或公司没给他们解除不满的机会时就走了。

早年我在别人的公司服务时，我们部门的一位老职员，说他工作过于紧张，似乎干不下去了，并递交了辞职报告。他认为与其被解雇，不如自己辞职更好一些。幸亏我及时了解情况，知道他完全是误解了自己所担任的工作。他感到自己的责任比公司对他的期望要重得多。当时我就详细地与他谈了对他的工作的具体要求，让他放松地投入工作，不要怀有太大的压力。谈话一结束，本来还是愁容满面的他，走出办公室时已是信心满怀了，我作为上司也放下了心。因为我及时挽留了一个部下，使得他现在已成为那家公司最优秀的职员之一。

一般说来，年轻人，尤其是销售部门的人，都有一种向着目标迈进的顽强个性，如果看不到晋升的希望，他们马上就会有调动工作的想法。因此，对你队伍里每一个成员的情况，你都要定期进行观察，及早发现并彻底解决他们的要求，或许凭着你一句鼓励的话或你小小的支持就能够消除他们的不满。

不可否认，有一部分年轻人得知同事、朋友或者同行的熟人升级就晕头转向。作为瞬间的反应，他们也许会认为自己没有别人聪明，容貌不佳，没有魅力，或者认为自己没有出色的表现，一定是因为工作不适合自己，公司不适合自己。也许完全是那样，但是如果事实并不是他们所想的那种情况，你必须想法说服他们，使他们清楚地知道：技术知识、热情、努力以及诚心一定会得到回报的，但是自己在平时一定要为自己打好基础，在机遇到来之时不要与之失之交臂，只有这样一切才能按照他们所预想的或希望的那样得到回报。

如何防范人才流失，并将人员流动率控制在最低范围内，是管理者的重要目标。你想挽留关键员工，单单依靠工资、奖金是不够的。你想要留住员工，首要的是留住他们的心。那么，怎样才能留住心呢？

首先，你要以公平利益吸引他们。公司的薪酬水平决定了公司留住关键员工的能力。薪酬的影响，不仅取决于行业平均工资、公司经营状况和员工业绩决定的报酬的绝对数量，也取决于报酬的相对数量和员工的公平满意度。因此，公司应以业绩论英雄，按贡献定报酬，以竞争促效益。

其次，你要给员工搭建一个展示自己的舞台。公司的员工，无论才能高低，没有不希望能够施展自己才华的，你应该从内心深处尊重、爱惜人才，创造一个人尽其才的环境。英国卡德伯里爵士认为：“真正的领导者鼓励下属发挥他们的才能，并且不断进步。失败的管理者不给下属以自己决策的权力，奴役别人，不让别人有出头的机会。这个差别很简单：好的领导者让人成长，坏的领导者阻碍他们的成长；好的领导者服务于他们的下属，坏的领导者则奴役他们的下属。”管理者应该学会以积极的态度看待失败，允许员工犯错误。

最后，你还要给普通员工成长的机会。优秀的领导者对普通员工是决不会放任不管的。把普通员工当作优秀员工对待，重视每个员工的成长与发展，那么普通员工也能创造出与优秀员工一样的业绩。某种意义上，员工的成长也就是公司的成长。

打不败的约翰·D.洛克菲勒

许多公司之所以能够吸引一流的人才争相加入，是因为它们有完善的员工培养计划，有助于员工自身素质和就业能力的提高。如果管理者能够给员工表现的机会，使他们脱颖而出，并随公司一同成长，那么离职现象就不再是困扰公司的难题了。

莎士比亚曾写道：“我们知道自己是什么，但不知道自己今后会成为什么。”你很有必要仔细了解自己队伍里的每个成员，和他们一个一个地或全体小组成员谈心，详细地了解他们的计划与打算。作为公司的管理员，虽然你不可能指望全体优秀部下一辈子支持你，但是如果能够常常关心他们的利益、雄心和幸福的话，我想应该是可以把大多数人留在你身边的。希望你能领会这一点。

有些人以为，换个环境或工作，他们就会快乐,可这个想法是令人怀疑的。事实上，你对别人做的最好的事情就是与他分享你的富有。

爱你的父亲

感人是一种既高尚又微妙的领导艺术

亲爱的小约翰：

约翰，首先我要恭喜你被同行推荐为商会会长。你真算得上是年轻有为者的典范。可你却认为自己只有三十二岁，害怕自己难以胜任。

你怎么会有这种想法呢？这应当是一件值得庆贺的事情啊！仅仅三十二岁的你，就受到广大会员的拥戴，你真应该感到荣幸之至。我像你这么年轻的时候，恐怕还是个没人注意的毛头小伙子呢。你真不应该有如此自卑的想法，更不能在重任面前胆怯。历史表明，要想成为显赫一时的领导者，必须经历无数次的艰难险阻，要具备失败之后从不气馁的精神。

约翰，同行会员既然推选一个人为会长，那他们肯定是认为这个人具备做会长的条件，否则便不会去推选他，所以自卑感是完全没有必要的，要知道年龄不是担当重任的最大障碍。农场里的孩子在证明他能做到大人的工作时，他也就成了大人，而这跟他过了几次生日没有关系，我想这对任何人来讲都是适用的，当这个人证明他可以干好会长的工作，或能够胜任任何职位时，自然会变得老练。

因此，即使前任比这个人年长数倍，并不意味着后继者不能成为一名才华出众的领导者。其实，许多前任只是同行友人出于好意推选出来的，在他们的任期中，本行业因这个人陷入不利之境的事情，也屡见不鲜，因此后继者不必为岁数担心，应该充分地拥有自信，学会去用感人的领导艺术驾驭商会。以我多年来的经验，我认为一个优秀的领导者首先应该学会感人。感人就应该以自己的气质、思想、形象和行为来感染、感动、感召他人；感人是一种影响力，并通过这种影响力来改变对方的思想和行为，使他人为完成共同的目标做出努力。

对于领导者来说，感人是一种既高尚又微妙的领导艺术，是一个团体组织在事业上赖以继续、发展，乃至兴旺发达的心理纽带和精神动力。所以，你根本不必为此而担心，你所应做的就是充分地拥有自信，学会运用感人的领导艺术统御商会。具体到做法中，应当遵循以下三个原则。

首先，领导者要以不同凡响的气度和美的外表形象感人。领导者要善于塑造自己的形象，这包括本人的气质和外表的美感。比如从衣着打扮到言谈举止，目的是要给他人以良好的直观感觉。你应当显示出在社交活动中特有的热情而不失礼节；幽默而不失潇洒；敏捷而不失坦率；果断而不失谨慎；自信而不失谦虚。如果具有这种气质和形象，就能进一步赢得他人对你的好感，这样才有益于组织的经营和发展。

其次，领导者要以高尚的人格来感召他人。人格是指领导者的思想品格和道德情操，人格是一种更深层次的内在心灵。领导者要有忠厚诚恳、坦率仁爱之心，他要爱人、尊重人、信任他人，这样才能感动他人。假使领导者缺乏高尚的人格，那么组织的内部就难以形成向心力，而只能滋生离心力。因此，人格感召对招揽人才，形成向心力十分有利，这是组织成功的重要前提。

再次，领导者要以实干精神和以身作则的作风感人。领导者不应该官员化，更不应该官僚化，领导者应该是实干家，他首先是一名实际工作的推动者，而不是一名只会去发号施令以领导别人为乐趣的官僚。实干、身先士卒就能加深与别人的感情，这就是榜样的感召力量，这种力量是任何时候都需要的。人们常说有些人天生就具备领导的天分，的确，这种情况很多，但如果决心接受这一职位的话，切不可忘记，通过学习而成为成功领导人的也不在少数。正如人们通过求学成为会计师、医生、律师或者印第安酋长一样。

当然，我以上所说的理论实际上只是一种总结，好在你已经做过几年经理。你不必考虑过多。就我而言，各个领域都是相通的，你的领导能力不应受到局限。如果你想从人际交往中得到真实的情感体验，就应当在领导商会的过程中，使自己的聪慧、自信、领导能力，以及善待员工的良好特质形成一种吸引人的光芒。如果处理好人际关系，这光芒便会使你周围的人产生一种向心力。

你在经办许多大事时需要亲力亲为吗？有些事需要你尽量如此，尽量做好决断，不可回避自己，不应该把属于自己的职务交给特别委员会的委员长。

在充分理解难以应付十分棘手的问题的基础上，对任何意见与决定都必须盖上你的裁决大印。这样一来，也就无须与他人的意见相左。但是，若因此而认为完成了领导者的任务，还是无法回避这类不太融洽的事态的。

领导者要以敢干、善于承担风险的经营风格感人。这是领导者有力量、有胆识的表现，同时，这种风格也是感染部下和员工的领导艺术。一个优秀的领头人当以身作则，树立榜样的作用，带领大家前进，只有这样你才能使整个集体运作起来，你才被人视为领导。即使你只让掌舵的手休息了五分钟，其他人也就会纷纷效仿，而且在你根本没有觉察之前，问题就开始堆积如山，并且开始向无望之海崩溃、坠落。因此，一定要一切从你自身开始，然后要求全体有关人员，拿出聪明才智，做出最大限度的努力。

约翰，你不必担心你的年轻，年轻绝不是一项负担，除非是年轻人自己这么认为。许多年轻人觉得他们被自己的年轻拖累了。的确，如果有人怕自己的职位受到威胁，他可能会用"年龄"或其他理由来阻挡你的升级。

但是那些实力派的人物决不会这样做。他们会把他们认为你能承担的责任，尽量放手交给你。这时你就要积极地发挥你的才能，证实你的"年轻"是一项有利的筹码。

你取得成功的比例，将取决于你的会长任期结束时，你所开创的一切在怎样的程度上后继有人，这才是真正的试金石。同事们赞扬你的努力的话，你就要诚恳谦让地予以接受。人真正的本性，往往在接受表扬时能看得一清二楚。

出色的领导能力，始于试图跟他人进行思想上的沟通。必须与人们保持或者说缔结亲密的关系，这样人们就会关心领导者付出的努力。而这个领导者有必要择优选出那些能给你的想法添加他个人的新颖想法的人员，他们甚至是能够思考出将它付诸实施的方法、充满信赖感的革新派人士，这是第一阶段。

而以上所说的核心，我想正是那看不见的东西，但我们却又不得不去面对的东西——人际关系，如果人际关系处理得好，会使周围的人有一种向心力，而这个力量的中心便是领导者要大胆地决定先后的顺序。

领导者必须勇猛果敢地站在同辈们的前列，这才是领导人的风范。在制订计划的时候，一定要考虑在队伍中谁最适合担任各个领域的责任人，不可掉以轻心地认为，这件事可以分配给托尔，那桩事可以由彼得去办，那种事可以叫乔治做。如果没有大家齐心合力、众志成城的话，任何人都将无法开始任何伟业。

约翰，对自己充满信心，你肯定会成为一位伟大的商业领袖。

爱你的父亲

尊重并重视银行经理的经验和建议

亲爱的小约翰：

我结束了劳累的商业旅行于近期回到家里，感觉很舒服。我喜欢游览世界，但是没有任何地方比“家，甜蜜的家”更加吸引我。正如每次回来时一样，我回到家里稍事休息之后就开始给你写信了解我离开的这段时间里公司的情况，当接到你收购赛姆斯石油公司的提案时，我意识到重大的事件发生了。这是你第一次向我提出这么冒险的建议，我很想知道你究竟有什么打算。

毋庸置疑，收购一家公司是一件振奋人心的喜事。但是在历经艰辛后，现在我懂得要万分认真地去对待每一次的获取，就像人在经过雷区时要小心翼翼一样，否则你就会遭受失败。人应该用全部的热情去追求他所需要的东西，但拥有太多是不可能的；只有一块表的人知道时间是多少，而拥有两块表的人却永远不能确定。

你所给出的收购这家公司的主要理由似乎都围绕着这个事实：这将使我们成为石油业最大的公司之一。这当然是一个很好的目标，也是我在整个商业生涯中始终追求的。但是，确定目标是一回事，铺设一条正确的能够引领我们到达这一目标的道路则是另一回事。

我注意到你在计划中仅仅把投入大量资金作为实现目的的手段，这似乎缺乏对相关成本的估计，只是很有限地考虑了要收购的公司同我们业务的匹配程度，实际上没有考虑到它需要什么样的管理，也几乎没有考察其产品的市场竞争力，而且根本就没有回答这个问题：那家公司的所有者想要将它卖给什么样的人？这让我怀疑你要投入的大量资金才是他们最大的动机。你是否对于通过逐年稳步增长、有计划地把我们的公司发展成为市场上最强大的公司失去了耐心，而想在一夜之间扩大规模？

你还没有完成我刚才提到的那些问题，所以我们的银行经理和我一样，无法对你的计划书做进一步的研究。他说他不能同意你所提交的计划，因为那将花费大量的资金。被银行经理拒绝通常会使我们很恼火，因为在这种情况下，他们总是像权威的上帝一样对我们的计划书发表评论。不止一次，当我被银行经理拒绝后，当走出他的办公室时，总会感觉自己很愚蠢。但是，当我冷静下来，认识到我被拒绝是由于自己对问题不正确的评估，或者是因为我忽视了对一些重要因素的分析，或者是我没有足够仔细、全面、有说服力地准备我的方案时，我确实真正感受到了自己的愚蠢。这也使我进入了下一个阶段：尊重并重视银行经理的经验和建议。

我想你现在肯定也像我年轻的时候一样，一想到银行经理拒绝了你的想法时，就会很苦恼。所以当我听说你随后就带着自己的计划书找到了另一个银行经理的情况后，我一点也不奇怪。发现银行间的相互竞争能给予我们支持是正确的，但是为盲目的恼怒、假想的侮辱和受到打击的自负而寻找理由则是不正确的。如果你在这种情况下意气用事，我们就会得到两个最令人不满意的结果：一次失败的收购，导致同我有十年资金交易的银行经理从此疏远了我们。所以，我们还是应该冷静一下，退一步来重新审视我们的计划。

不可否认，你购买这家公司的计划具有可取之处，但是关于购买所做的任何评估都应该建立在冷静、非情绪化的逻辑分析的基础上；要仔细、实际地评估前面提到的那些不同方面，以及那家公司同我们目前的运作是否相匹配。

你很清楚，扩大经营是有风险的。有很多不幸的人，他们本来建立了很好的企业，但最终却失去了它，或者眼睁睁地看着它逐步衰退，其原因就是他们在这一过程中让情绪受到自负和贪婪的指引，甚至超越了理性的思考。他们通常是由于感情用事而解雇优秀的员工，同供应商发生争执，不恰当地提升员工，在新领域中投资失败，放弃难以应付的客户，这些都是主要由情绪导致的商业失误。

如果我为每一个由百分之九十的情绪因素加上百分之十的冷静的商业逻辑共同决定的商业行为打赌，我将是城里最富有的人。

有时候，将情绪排除于商业决策之外是一件很困难的事，但是我们必须有意识地抵制冲动的情绪，特别是在进行决策的时候，要快速地行动但是不要采取危险的解决问题的方式。要事先问问自己："这有商业价值吗?我这么做是不是主要为了情感上的满足?"当你不再需要问自己这些问题的时候，你就成了一个理性的管理者。

通过经验的积累，你将会知道商场上会不断地发生重大的事件，它们会使你的情绪在进行决策的时候时而高昂时而低落。通过把情绪波动控制在一定的范围内，你将会显著地增加成功的机会。

我建议你现在就到办公桌前，以实事求是的态度深入地分析你起草的收购计划，然后你可能想再次拜访我们的银行经理。这些努力是否会使我们最终以合理的价格购买这家公司？我想你得小心你的情绪会随着这么愉快的事情冲动起来。

爱你的父亲

与他人合作并赢得信任的秘诀

亲爱的小约翰：

约翰，你最近为你的股东与你意见不合而苦恼，其实这种情况以前我也经常遇到。不同的人就有不同的意见，这是考验你领导能力的时候，你可千万不能退缩。一个人如果和同伴步调不一致，也许是因为他听到了不一样的鼓点，就让他跟着自己听到的音乐走吧，不管这音乐有什么样的韵律，或是多么的遥远。

的确，由于公司结构的错综复杂，合伙人之间是否能团结协作就显得尤为重要。我当时对标准石油公司的所有权也没有超过三分之一，因此我也很需要别人的合作。在创建了如此庞大的一个石油帝国之后，我一直在不断地提醒自己，我自己必须与企业融为一体，所以我不喜欢说“我”，除非是开玩笑，在谈到标准石油公司时我更喜欢使用第一人称复数。不要说我应该做这做那，要说我们应该做什么。千万别忘了我们是合作伙伴，无论做什么事都为了我们所有人的共同利益。

要做到维系公司的团结统一，首先要学会管理不同的助手，调动他们的积极性，而这一点，我自认为做得还不错。我认为截至目前为止我所取得的成功，有很大原因是我信赖别人并能使别人也信赖我。比如说拿破仑，如果他没有手下那些优秀的元帅，他是不可能获得辉煌胜利的。

企业管理也是一样。我绝对不会独断专行，而总是尽量把职权迅速交给手下，自己只是在适当的时候以平和的态度小小过问一下，而不会让下属感到他们的工作受干涉。与那种强制性的决策相比，我更愿意以一种潜移默化的方式来把我的意志传达给公司上下，尤其在开会时，我常常能感受到我对大家有这样一种作用：我越不说话越有威信。我也就经常运用这种逆反作用，也可以借此不必受一些琐碎小事的干扰。

其次，我极其重视公司内部的和谐，常常在争执不下的部门首脑之间进行调解。我总是不多说话，尽量在听完大家的意见后才表达自己的看法，而且经常做出折中的方案以维护团结。我一般总是谨慎地将自己的决定以建议或提问的方式表达出来——从早年起即如此。我每天都同你的威廉叔叔以及哈克尼斯、弗拉格勒和佩思等人一边吃午饭一边讨论问题。尽管公司不断扩大，我仍然在大家意见一致后才行事，绝对不在董事会成员反对的情况下采取重大行动。

也正由于所有的想法都必须通过那些有主见的人一致同意这一关，所以标准石油公司很少有重大的失误。我们在行动之前一定要确保正确无误，而且事先安排好对付各种情况的应急准备。

当然，在这么多人组成的公司中，难免有意见不一致的时候，虽然我和查尔斯·普拉特、亨利·罗杰斯或者其他什么人不时会有争执发生，但是我可以骄傲地说我们公司里绝没有那种气急败坏的纷争和上下级之间的嫉妒，而这两者通常都是由巨大的权力引起的。我一直强调，董事们——那些由公司纽带绑在一起的昔日的对手——是出于一种近乎神秘的信仰走到一起来的。

在我看来，董事们对彼此的信任说明了他们团结一心，同时证明了他们道德高尚——心术不正的家伙不可能像标准石油公司的人那样团结得如此长久。领导权的连续性使那些爱四处窥探的记者和政府调查人员无功而返，他们是不可能从控制着这个石油帝国的志同道合者的坚固阵营中找到突破口的。

当然，我重视团结和谐并不意味着我排斥反对意见。实际上，我更喜欢那些直言不讳，敢于指出问题的同事，而讨厌那些浮华虚伪、只会拍马屁的软骨头。只要人们提的意见不是出于个人利益，即便逆耳，我也乐于接受。如果没有这种胸襟和气魄，我们也不可能取得今日的成绩。

尽管面临诸多法律障碍，我们仍然可以将许多截然不同的公司融合成天衣无缝的整体。通过我们的努力，一个原本可能笨拙无比的机构变成了有效的工具。标准石油公司在工业规划和大规模生产方面处于领先地位，采用了原本在这个纯粹自由竞争的阶段可能取得的规模经济。近几年来，我们这个托拉斯组织在提高煤油品质、开发副产品、削减包装和运输成本以及全球分销石油制品方面取得了令人瞩目的成绩。

因此，谁也不能否认我们如今在企业的管理和体制建立上取得的非凡成绩。从我个人角度而言，对这样的情况我深感自豪，因为这其中毕竟有我不可忽视甚至可以说功不可没的付出和辛苦。当然，平时我也不太会刻意流露这些，但人们也很清楚我在公司的影响力。当我的同事们忙于疯狂购买豪华住宅和欧洲艺术品的时候，我并不以为然，我要把钱用到更有意义的地方。只要有董事肯卖股票，我都乐于购买，开玩笑说一句，有时候我简直成了他们倒垃圾的对象了。这使得我持有的股份数目之多无人可比，自然也为我在发表意见时增加了力度。

虽然持股数目巨大，但我绝不能让自己为此而得意忘形，我想更重要的还是我的个人魅力会对同事及下属产生巨大的作用。我平常待人从不过分亲热，也不粗暴鲁莽，更不会轻浮无礼，我在磨炼自己拥有一种政治家般的镇静。在级别较低的员工面前我也注意举止得体、态度平易近人，听到他们发牢骚也不发怒。每个员工每年都有一次面见执行委员会的机会，为自己争取加薪。在这种场合，我总是尽量做得令人感到愉快。如果罗杰斯生硬地说他已经听够了，拒绝给他们加薪时，我会劝他：“噢，给他一次机会吧。”

最后，我想，我还是一个坚持到底、绝不半途而废的人，我常常会去试着解决那些远远超出我自身能力的问题，在问题面前，我会深思熟虑，而一旦想好就会采取行动，坚决执行。谁也不能阻拦我把坚定的信念作为目标，像箭一样飞出去，绝不回头。因为我相信，上帝助我，我一定会达到目标的！

孩子，我也同样相信你一定会比我做得更好。这个世界上一个人的力量是有限的，但你可以做个领导者带领一批人一起致富。努力吧，你肯定会是一个卓越的商界领袖。

爱你的父亲

不要把所有的鸡蛋放在一个篮子里

亲爱的小约翰：

你上次来我这里吃晚饭时，向我提出卖掉德克萨斯炼油厂的想法，原因是不能让一家小小的、不能取得效益的企业拖公司的后腿，我当时并没有表态，因为我不想打击你的这种魄力，可是，如果你静下心来仔细想想，这种做法的确有其不妥的地方。

你走之后，我则沉思于这种事情之中，虽然你找来我为的是有关说服银行方面的事情。在我看来，正在亏损的企业是很难卖掉的，而且渡过了这次难关以后，德克萨斯炼油厂是极有希望在极短的时间内重新获利的。何况管理着多样的企业在实业界就是很好的保险，即使出现了经营不善的企业，其他企业也可以施以援手，而如果只有一家企业，那么就前途未卜了。而德克萨斯炼油厂由于设备特殊，所以事实上是垄断市场的，无论如何，公司拥有庞大的不动产，实际是上了保险，因此说句不好听的话，即使收益下降了，公司不动产的资产价值也是很大的。

约翰，以下是我在做出重大决定时的思路——你永远不会后悔：三思而后行；先听后判断；诚实经商；思先于言；捍卫自己的信条；净化自己的思想。我的经营哲学的基石一直是“不要把所有的鸡蛋放在一个篮子里”。

当与我们的事业有关联的、投资某类企业的机会出现时，我会马上思考两点：其一，为尝试这一新产业的资金准备是否充分?第二，我们可否确保为实行这一经营所需的必要的、能干的、富有经验的人才？后者是遵照这一原则的，即公司应是以人为中心而建立的，而不是以公司为中心将人召集在一起。如果这两个问题出现了肯定答案的话，接下来我就会考虑销售、流通、竞争以及其他方面的常识性问题。所以我总喜欢把资金化整为零，向各方面进行投资。在拥有公司的同时，向不同的方面投资，使之不受同一个风险要素的影响和支配。

记得我在事业开始的初期曾为公司的脆弱、每周破产的公司的数目所震惊，从而勉励自己开展综合的经营。事业持续发展得越长久，多种经营的进程就推进得越快。我自以为比谁都忠实这一铁律，因为现在我拥有的不是一家公司，而是多家不同的公司。也许有人会这样认为：如果我只停留在最初的公司上，只为促使它的成长而努力，从整体上而言，将比我们现今的事业发展得更为波澜壮阔。可是我个人从不这样认为。因为我喜欢综合经营多家公司所带来的安全性、可靠性。即使一家公司失败，靠其他的公司也足可保证家族的生活，也就是这么一种放心感。

我受综合经营的吸引，理由有二。首先，由于我过去一贫如洗，为了不再重蹈覆辙，自然产生了一种守成护身倾向。为有备于最初的事业的失败，而拥有第二种事业，就成为一种合理的想法。事业的成长，尤其是我们这一行业，非常耗费时力，仅仅经营一个公司，运用自己的能力一天只用得上两三个小时，不仅用不上我所期望的十个工作时，连八个小时都达不到。由此，由于我的工作大部分都是重复进行的，所以我开始聘用很多能干的人才，投入其他的事业。

由于新的产业与我们已经从事的产业有共性的一面，所以我并不觉得这是进行一项大的赌博。这与横向的扩展、纵向的扩展均没有关系，其基本原理就是："新的鞋子都有试穿一下的必要。"

多种经营并非是从赖以生存的基础产业中逃逸出来的，它同时意味着，去收购其他公司或主要的原料提供者，为主要产品系列锦上添花。如果我们跻身于飞艇、画框、家具、汽车用品、小型销售等行业，无疑是欠考虑、轻率疏忽的。这些是完全不同的领域，其结果只会是自掘坟墓。

在较为熟悉的领域中投资，是获得经济保证的基本原则。但与此同时，必须注意绝不可在一个较狭窄的领域里投下全部财产。世界经济在不断变化，即使是最有希望的赌博有时也会以惨败告终。本世纪七十年代，任何人都想拥有沙特阿拉伯油田，原油眼看要升上一桶七十五美元，然而在那之后二十年的今天，原油价格即使不算上通货膨胀，一桶也只是十五美元。

常见的错误是某种方法既然其他人都获大利，自己也产生了如此的想法。一心以为自己与其他人一样聪明，常常会酿成经济上的惨败。飞奔扑入一个新的赚钱竞技场里，让等待已久的大鳄们吞噬一空的例子实在是太多了。

因此我认为从其他几个公司调拨一笔款项出来，真的会让德克萨斯炼油厂有再次重生的机会。凭我的直感胜利女神总是在各家公司之间徘徊，因此如果有很多家公司，其中或许会有几家获得不小的成功，但不是所有公司都能获得成功。迄今为止，我们的事业也是这样发展的，感谢上帝，这一胜利除了弥补其他公司所受的微小损失，补偿它们总是难以增长的效益外，还获利匪浅。

不过，拥有多家公司的人，都会比较容易地陷入所谓“过分自信”之中，因为每个人都希望自己是商界天才，从事任何产业都会成功，企业都会健康成长，但我敢断言，最初必须理解的经营理念是在某一项事业上取得成功，并不等于其他的事业都会成功。而潜力储备这个概念是必须掌握的。所谓“潜力储备”是指企业着眼于可持续发展与环境适应而有计划进行的企业实力和企业能力的沉淀。“潜力储备”是一种战略性的经营决策，具有鲜明的时空变化的特点，是经营观念更新的产物。

世人对企业“挖掘潜力”谈得很多，而挖掘潜力的前提条件是企业“有潜力”。因此，“潜力储备”更带有实质性。

首先，提出“潜力储备”，正是对人们喊了好多年的“挖掘潜力”内涵的认识的演化和拓展。实际上，挖掘潜力的积极结果已经促进了企业的高效率运转。而明确提出“潜力储备”的概念并把它作为企业家的一种重要的观念产物，重要作用就在于使企业长远地有潜力可挖，从而保证企业持续稳定地高效率运转。

其次，储备潜力能保证企业有活力、有深度。这点很容易理解，一个企业储备了足够的潜力，承受外界环境变化和市场竞争的风险的能力就增强了。同时，企业储备了足够的潜力，可以从容地、按部就班地搞技术更新，搞产品开发。可见，积极地储备潜力，也是企业扩大内涵再生产的必要条件。

再次，储备潜力符合管理学的“弹性原则”。弹性原则是管理学中一条重要的原则，说的是留有余地地应对外界变化的要求。

人们都知道，企业的竞争因素繁多，有确定性的，也有随机性的；有可控的，也有不可控的。这就要求企业随时要有防范的准备和应变的能力，而潜力储备本身就是一种防范和应变，它可以使企业“以丰补歉”，可以帮助企业渡过难关。“弹性原则”实质上是要企业有足够的实力，而在一定意义上说，企业实力等价于企业潜力的综合储备。

最后，企业经营者要摆脱传统的消极被动守业的观念，要主动到市场中去捕捉企业现在和将来发展的机会。为了更好地寻找和利用机会，企业必须从内部到外部，及早准备物质、技术、资金和人事、社会等各方面的条件，即做好潜力储备。所以，储备潜力是现代企业经营者创新观念的必然产物。可见，潜力储备的观念，不是立足于内、眼睛向内而得过且过的被动思想，它是立足于内而着眼于外、立足于目前而着眼于长远的开拓创新观念，因此是应当重视和提倡的。

在我搞多元经营的过程中，我一直抱持尽量缩减经费，可能会随时退出的心理准备。我对事业上的挫折总是抱有很深切的厌恶感。也许你会说我是胆小怕事，但是公司一旦出现大的损失，在初期就要马上削减所有的经费。工作是很单纯的，即从损益统计表的最大的项目开始，尽一切可能，削减所有的经费，或者给予取消。通常这样会使经营规模缩小，但是历经再一次的组编，其累赘部分会减少，竞争力会增强，便可东山再起。当这一点都毫无指望时，要么将它卖出，要么将其关闭。

在谋划多种经营时，我还谨守另一重要的原则：不是去购买公司，而是购进了解公司经营方法、才能杰出的人才。

因此在卖出公司的问题上，我可以说是不支持你的。你是否再认真考虑一下？

爱你的父亲

没有什么事比恐惧本身更可怕

亲爱的小约翰：

作为你的父亲和雇主，我一直不想干涉你的生活，但对于你最近的这个重大决定，我还是要说说自己的看法。

我们公司的总裁已经宣布将在六个月内退休，我不太理解你为什么要拒绝被提名为接替他的候选人之一。为了取得今天的职位，你付出了艰苦的努力，有时候你的家人也为此承受了很大的压力，你和你的妻子一起出色地克服了这些困难。目前，你生活的各个方面都进展顺利，你的管理才能受到大家的高度赞扬，可为什么在就要到达顶峰的时候选择放弃呢？

从你对此事简短的谈论中，我感觉到你的顾虑主要有三个方面：那份工作可能会占用大量的时间；可能带来很多麻烦；你觉得自己不能胜任。我怀疑这其中可能还有一些潜在的恐惧因素。

毫无疑问，就任公司总裁将是一个巨大的挑战，但是你已经具备了接受这一挑战的能力，你不应该对此有什么新的忧虑。在这一职务中，所要肩负的责任可能包括在更广泛的层次上发挥你的能力，要进行人事任命，负责组织性的工作，进行收益和损失的评估。这些任务当中有哪些是你以前没做过的呢？答案肯定是没有。我经常提醒你要记得梭罗的名言："没有什么事比恐惧本身更可怕。"现在让我们集中讨论一下你所说的在上升的关键时刻撤退的三条主要理由。

它会占用太多的时间。这条理由在我这里是站不住脚的。以我从商三十五年的经验来看，最好的总裁都是管理时间的专家。他们仔细地计算每一天、每一个星期、每一个月、每一年的时间，计划怎样才能最好地利用它们以最大限度地发挥自己的天赋，满足自己的需求和实现自己的目标。他们精通如何在工作和私人生活中分配时间，他们会同家人朋友共享快乐时光，还会去旅游、参加慈善活动、体育锻炼、娱乐活动或者只是静静地思考。

这些优秀的企业家会从每周中抽出四天的时间全力投入工作，同员工、管理层、客户、银行、研究者、政府官员等进行密切的接触，然后用第五天的时间对一周的工作进行仔细的回顾总结，并静静地有条不紊地计划下一周或者下一个月的工作。那是用于思考的一天，对一个总裁来说，思考能带来最大的回报。

如果总裁要花费大量的时间处理日常事务，特别是那些重复、耗时的工作，那么很有可能这些事情应该是交给其他人去做的。你已经掌握了高效管理时间的技巧，能够在妻子、三个孩子、家庭、朋友和你的事业之间合理地分配时间。既然你现在可以解决好这个问题，我就找不到你当上总裁后反而做不好的理由，特别是你最小的孩子很快就要上高中了。

你的第二点顾虑是这个工作可能会带来很多麻烦。如果总裁的工作有很多麻烦，那多半是由于他没有完全组织好自己的工作。麻烦是人造成的，解决麻烦的办法也是人想出来的。你选择的人越称职，你所面对的麻烦就会越少，因为他们能够承担相应的责任并最终完成工作。我们多次谈到以人为本和团队精神的重要性，这始终都是企业的基石。

毫无疑问，在商业环境中一定会遇到一些不必要的麻烦。过去的几年里，你处理过很多问题，比如不明智的财政政策、奇怪的生产问题、因为总裁拒绝接受你的意见而不得不重复再三等等，这些问题都会影响到你们部门的士气和效率。想一想，作为总裁，你就可以把这些问题消灭在萌芽状态。永远记住，不是琐碎的麻烦，而是如何经营企业的挑战才是对你勇气的检验。

再来看看你的第三点顾虑——你认为自己没有足够的天赋来胜任这个职位。能够实事求是地评价自己的能力是非常好的，但过低地评价自己同过高地评价自己都是错误的。你的经历、你的经验都使你能够胜任这个职位，在此基础上，你会培养出作为一个优秀总裁所必备的远见、领导才能和坚定的毅力。

远见是指你希望你的公司在什么时机向什么方向发展；优秀的领导才能是指确定前进的路线并正确地选择那些能够帮助你实现目标的人；坚定的毅力是指无论中途遇到什么样的困难都能够一直坚持下去。

记住华盛顿所说的：“要勇敢挑战强大的事物，赢得辉煌的胜利，即使遭遇失败，也远远胜过那些没有奋斗精神的人，他们不会有太多痛苦，也不会享受太多喜悦，因为他们生活在没有胜利也没有失败的灰色世界里。”

失败了的总裁通常都不是很好的组织者，而你是；他们通常不善于沟通，而你擅长；他们经常找不到合适的重要员工和咨询顾问，但你可以。另外，做一个总裁并不意味着你要知道每一件事，你只需要知道怎样合作，怎样让企业中的不同职能部门向着一个方向前进，以及快速地定位问题并解决它们。

所有这些你都已经知道了，而且目前你所领导的这个部门当初如果不是由你来接手，现在也不会运转得如此稳定。在我看来，坐上总裁的交椅不会给你以往的工作带来任何大的改变。这个椅子比你现在的要高一点，皮质要好一些，但我想你是能够处理这些的！

我已经为你和你的妻子订了两张去海边的机票，如果你能够稍微离开一段时间，在宁静的大自然中再次深入考虑一下你的这个重大决定，我将感到十分高兴。

伟大人物所达到和保持的高度，并非是心血来潮一蹴而就的，他们常常是到了晚上当同伴们都入睡的时候，他们却在努力向上攀登。

鼓起勇气吧，孩子！

爱你的父亲

只说不做的人就像是长满荒草的花园

亲爱的小约翰：

这几日我总是咳嗽，我的身体一天比一天差，我知道属于我的日子不多了。我活得够久了，上帝总有一天会把我召回去的。庆幸的是我能在有生之年亲眼看到你继承我的事业，并且把公司经营得这么好。

约翰，越是在公司发展良好、规模不断扩大时，越要注意公司组织内部的管理和外部市场动向。一个企业，尤其是规模像我们这样如此庞大的一个大型企业，必须有一个秩序井然的管理制度，而且还必须有一个清醒智慧的大脑来执行。以前，我时时都在注意着我的言行和部下们的举止。每天早上九点一刻，我一定准时到公司上班。而且我认为哪怕是为了与公司形象相配，每个人也一定要穿戴良好，仪表整洁，起码我自己就是这样做的。我给每间办公套间免费配备了一套擦鞋用具，每天早上都请我的理发师来准时给我修面。

说到时间观念，首先我绝不迟到，因为谁都没有权利无谓地占用别人的时间。其次我喜欢设定时间表，按表来有计划地做事，我从不在琐碎小事上浪费时间。每天我会固定地休息一会儿，十点左右停下来，吃点饼干喝点牛奶，午饭后睡一会儿，也是为了恢复精力，使自己的体力和脑力调整到最佳状态，总把每根神经都绷得紧紧的不是件好事。

在为人处世方面，我信奉沉默的力量。只有内心虚伪的人才会随口乱讲，对着记者喋喋不休，而谨慎的商人则守口如瓶。“成功来自多听少说”和“只说不做的人就像是长满荒草的花园”是我最喜欢的两则箴言。我习惯多听少说，而这也帮助我在竞争中获得很大优势，尤其是在谈判中，我的沉默寡言常常使对手不知所措，胡乱猜测。而当我生气时，我觉得沉默更能达到击倒对方的作用。

有一次，一位气急败坏的承包商闯进我的办公室，对着我暴跳如雷、大喊大叫，我无动于衷地低头伏在办公桌上继续工作，直到那个承包商精疲力竭时才抬起头来。这时，我靠在转椅里左右转着，看着对方平静地问道：“我没听清你刚才说了些什么。你能再说一遍吗？”当时那承包商就如同泄了气的皮球，再也鼓不起气来了。

每个接触过我的人，都会对我有一个印象，就是我这种不同一般的沉着冷静。我敢与任何一个人打赌：无论他现在说出或做出什么让人无法容忍的事情，也绝不可能看出我会有丝毫的冲动，要知道，我的脉搏每分钟只有五十二次！比一般人低得多。我从不会对我的雇员发脾气，也不会大喊大叫，更别提什么污言秽语或做出什么不文雅的事来。即便是他们犯了错误，要受到处罚，我也会觉得于心不忍。甚至是那些贪污的下属，我也只是把他们解雇了，却很难做到把他们送上法庭。

除此之外，在对待员工方面，我一向非常用心和注意。我认为员工在公司里的作用是非常重要的。在公司发展初期，我总是亲自参加普通员工的招聘，而当公司规模扩大到员工人数已超过三千时，我不可能直接参与招聘了。但我只要发现优秀人才，就要想方设法将其招至麾下，即便当时看来不是很需要。我尤其欣赏那些社交能力出众的管理人员，我一直以为，与人交往的能力，就像咖啡和糖一样，是可以买到的商品，而且我为这种能力付的钱比买世上任何其他东西付的钱都要多。

我还喜欢鼓励员工直接向我提建议或意见，并且关心他们的生活。我常常给那些生了病或已经退休的员工写信，询问他们的情况，不谦虚地说，我在付员工工资和退休金方面绝不吝啬，甚至慷慨。因为我付的报酬是高于同行业的平均水平的。为此，我可以骄傲地说，我相信我手下的雇员们都比较尊重我，乐意在我的身边努力工作。

我对他们的努力很少进行公开表扬，我的方法是通过微妙的暗示督促员工前进。首先，我会全面严格地考验员工，而一旦员工得到了信任，就会被赋予极大的自主权，除非出了严重的疏漏，我一般不会干涉他们的工作。一般情况下，提拔员工最好的方法是——当你相信他们具备必要的素质并且觉得他们有能力胜任时——把他们带到深水区，推进水里，任他们自己努力，或是沉入水底，或是游上岸，他们不会失败的。

为了协调如此庞大的机构的工作，我必须下放权力。标准石油公司的部分行为准则是，培养下属为公司做事。我曾经向一名新员工介绍说："有人告诉过你在这里工作的规矩没有?还没有?是这样：能让别人去做的工作，就不要亲自去做……你要尽快找到一个可以信任的人，培养他做你的工作，然后自己坐下来，动脑筋想想怎么才能让公司多赚些钱。"我自己就是在身体力行地贯彻这一原则，并且也正是通过这一方法使自己从烦琐的日常行政管理工作中脱出身来，把更多的时间和精力用于宏观决策上。

我一直认为，我在技术上并非一个革新者，我负责掌握的主要是制定公司的政策和理论基础。作为一个管理者，我每天都要面对如潮水一般的意见和事情，并在各种选择前以非同一般的反应能力来做出判断。而帮助我做出选择判断的，我认为很大程度上是我身上那种出众的数学才能。正是通过处理大量的数据，我才能掌控管理好我这个权力分散的石油王国。我以一种看不见的力量控制着整个公司，这个力量就是我的分类账本。从十六岁那份记账员的工作开始，我就喜欢数字，数字也极大地帮助了我，使我把复杂多样的系统得以简化成一个通用的标准。以此标准我能够衡量、检验千里之外的下属机构的经营情况。看到真实的情况，以这种方式，我在全公司推广理性管理的思想：从公司最高机构到最底层，每一项成本计算都精确到小数点后几位。

尽管我们的公司已取得了非凡的业绩，但我并不认为它已臻于完善。在我看来，每个公司、每家工厂都可以永无止境地加以改进，我一直力图在公司内部营造一种不断追求完美的氛围。公司运作的规模越大，越是要求关注细节问题，尽管在有些人眼中这看上去有些不合常理，但是如果在一个地方节约一分钱，就可能在全公司节省上千倍于这个数目的钱。

有一年，我视察了一家位于纽约市的标准石油公司下属工厂。这家工厂灌装五加仑一桶的煤油，密封后销往国外。

我观察了一台机器给油桶焊盖的过程后，问一位驻厂专家："封一个油桶用几滴焊锡?"

"四十滴，"那专家答道。

"试过用三十八滴没有?"

"没有？那就试试用三十八滴焊几桶，然后告诉我结果，好吗？"

结果是用三十八滴锡焊的油桶中，有一小部分漏油——但是用三十九滴焊锡的则不会出现这种情况。从那之后，三十九滴焊锡便成为标准石油公司下属所有炼油厂实行的新标准。而这节省下来的一滴焊锡，仅一年就可为公司节约两万五千美元！

像这样的情况其实还有很多，比如我们可以在保持油桶强度的前提下逐步减少桶板的长度，降低桶箍的宽度。但是，我并不是一味只图省钱，只不过是为了使公司的运营达到一种更完善的程度。出于此目的，我坚持要求公司建立稳固结实的工厂设备来降低维修费用，尽管这样做会造成较高的初始成本。我还尽量充分运用从原油中提炼出来的各种成分。公司在成立最初两年里主要经营煤油和石脑油。

后来，在一八七四年，公司扩大了业务范围，开始生产其他石油副产品，经营做口香糖用的石蜡和筑路用的石油沥青。不久，公司又开始生产铁路和机器车间用的润滑油，以及蜡烛、染料、油漆和工业用酸。今年，我们兼并了新泽西州的切斯布劳制造公司，以增强我们生产的凡士林的销量。

可以说，在不断追求完善的道路上，我们一直没有停下过脚步。今后，这也仍是我们坚持不懈并要在公司内部贯彻到底的目标和信念之一。事实上，人人心中都有一条好信息，那就是无法预知自己能变得多么伟大，能拥有多少爱心，能获得多大的成功，具有多少潜能。

爱你的父亲